歴史文化ライブラリー

92

# 神々の原像

## 祭祀の小宇宙

新谷尚紀

吉川弘文館

# 目次

# 神々の原像を求めて

## 神をめぐる二人の巨人

日本の神とは何か、という問題について民俗学の立場から考えてみる。民俗学の立場から考えるということは、具体的な神社の祭礼の分析を通してこの問題に迫ってみるということである。

それにしても、この問題を考えるうえでは、柳田国男《やなぎたくにお》と折口信夫《おりくちしのぶ》という二人の巨人のしごとを確認しておかねばならない。

日本の神とは何か、民俗学の創立期に巨大な足跡を残した柳田国男と折口信夫にとって、この神とは何かという問題はその生涯をかけて解明すべき最も大きなしかも二人に共通する課題であった。しかし、二人は最初から異なる視点に立っていた。

よく知られていることであるが、柳田が編集していた雑誌『郷土研究』への折口の最初の投稿原稿が「髯籠《ひげこ》の話」（『郷土研究』大正四年四月）であり、それは神の「依代《よりしろ》」という概念を打ち立てていく画期的な論文であった。そしてそれは、柳田がちょうどそのころ構想していた神の降臨の目印としての柱松《はしらまつ》をめぐる論考と前後して発表されたものであり、柳田が折口の投稿原稿を先に手にしながら、自分の論文「柱松考」（『郷土研究』大正四年三月）を一号先に掲載して、あたかも折口がその柳田の論文を読んだうえで投稿したかのように見せたということがのちに話題となったこともある（池田弥三郎「ひげこの話成立秘考」『わが師・わが学』一九六七年）。しかし、そのような裏事情論議はさておくとして何より重要なのは、折口の依代論と柳田の神樹論がこのほぼ同時期に登場したという事実である。鋭い感受性で民俗を観察しながら機が熟したかのように、二人はともに神はどこかに常住常在するものではなく、人間による祭りの機会を定めては依り来るものであり、祭りが終わればまた還り立つもの、そしてその神が依り来るにはそれを迎えまつる装置が不可欠であるという事実を発見したのである。

折口はいう。（なお、ここで折口と柳田の文章を引くにあたっては、できるだけ読みやすくするために現代かなづかいにし、一部の漢字はかなに変えることにする。）

神の標山《しめやま》には必ず神の依るべき喬木《きょうぼく》があって、しかもその喬木にはさらにあるよりしろのあるのが必須の条件であるらしい。（「髯籠の話」全集二、一八五ページ）

つまり、神の降臨する標山には神の依るべき高い木があり、その高い木には高く掲げられた依代がある。祭りのだんじり（地車）の竿の先に付けられた髯籠がそれであり、髯籠こそ神の依代である、というのである。そして、その依代というのは、

ただ何がなしに、神の目をさえ惹《ひ》けばよいというわけではなく、神の肖像ともいうべきものを据える必要があったであろう。（「盆踊りと祭屋台と」全集二、二四九ページ）

籠は日神を象《かたど》り、髯はすなわち、後光を意味する。（「髯籠の話」全集二、一九〇ページ）

つまり、髯籠は天神の代表である太陽神の形代《かたしろ》であり依代であるというのである。

一方、柳田は柱や樹木に注目する。

柱の頂点において火を燃やすことは火の光を高く掲げるために柱を要としたのではなく、柱の所在を夜来る神に知らしむるためであったことは、日中の柱に旗を附することを思い合せるとほぼ疑いがない。（「旗鉾のこと」定本11、三二一〜三三ページ）

柱松と称して上元または中元に桿の尖端に火を焚く風習は、今も村々の祭の日に建てる幟と起原同一のもので、火といい旗というも結局は夜の柱、昼の柱の区別にすぎず、すなわち柱の所在を天降る神に知らしめる手段であった。然らばその柱は何の用かと言うに、つまり一尺でも天に近くするためで、すなわち神霊用の梯子である。

（「腰掛石」定本11、五五ページ）

つまり、柳田は一定の象徴物にではなく神は自然の樹木に招かれ宿るものと考えていたのである。

折口の依代論が人工的象徴的な装置を注視していたのに対し、柳田の神樹論は天然の樹木を神の宿る木と見立てていたのである。そして、その後の両者の神の原像論は、柳田は先祖へ、折口はまれびとへ、と大きく異なる展開を見せることとなるのである。

## 柳田国男の先祖論

柳田が民俗の分析から帰納した日本の神観念の中心は先祖であり、祖霊《それい》であった。柳田はいう。

人は亡くなって或る年限を過ぎると、それから後は御先祖様、またはみたま様という一つの尊い霊体に、融け込んでしまうものとしていたようである。（「先祖の話」定本10、四五ページ）

そして、先祖については、

祖霊の中では始祖が最も大切な、功績の偉大な神であったことは言うまでもありませんが、家道には変転があって、また中興の祖というものも感謝せられているのみならず、是《これ》を重んじて中間の著《あら》われざる代々を、粗略にするわけには行きません。（中略）先祖様という言葉の中に、想像し得る限りのすべての尊属を含めていたのであります。（「神道と民俗学」定本10、三八八ページ）

と、家の始祖や中興の祖だけでなく、代々の当主夫婦をはじめ広くその家の先代の諸霊を含むものと考えていた。

ただし、死者はその死後ただちに先祖様になるというのではない。死者は死のケガレに満ちた「荒忌《あらい》み」の「荒御霊《あらみたま》」（「先祖の話」定本10、六六ページ）であり、それが子孫の供養と祭りを受けて死のケガレが清まってから先祖の列に加わって行くのだという。

人が眼を瞑《つむ》って妻子の声に答えなくなるのも、一つの生死の堺にはちがいないが、その後にはまだ在りし日の形ある物が残っている。それが悉《ことごと》く此世から姿を消して、霊が眼に見えぬ一つの力、一つの愛情となり、また純なる思慕の的となり切るときが、更に大きな隔絶の線であるように、昔の人たちには考えられていたのかと思う。（「先

祖の話」定本10、一三二ページ）

といい、その大きな隔絶の線は、およそ三十三年忌《き》の弔い上げと考えていた。

（大和の吉野地方や河内南部の山村では）人が亡くなって通例は三十三年、稀には四十九年五十年の忌辰《きしん》に、とぶらい上げ又は問いきりと称して最終の法事を営む。其日を以て人は先祖になるというのである。（中略）北九州の或る島などは、三十三年の法事がすむと、人は神になるという者もある。（「先祖の話」定本10、九四〜九五ページ）

そして、

それから後は人間の私多き個身を棄て去って、先祖という一つの力強い霊体に融け込み、自由に家の為又国の公の為に、活躍し得るものともとは考えていた。それが氏神信仰の基底であったように、自分のみは推測していたのである。（「先祖の話」定本10、一〇六ページ）

とのべて、個々の祖霊が個性を棄てて先祖として融合したものこそが、日本の各地の郷土の信仰の中心であるところの氏神に他ならないというのである。つまり、氏神は本来氏の先祖を祀るものであったという氏神＝先祖論を展開させるのである。

したがって、現在の日本の村落で最も一般的な村ごとの氏神は本来的なものではなく、歴史的な変化の結果だと説明する。

そこで柳田は、氏神を「村氏神」「屋敷氏神」「一門氏神」の三類型に分けて論じる。氏神とは元来は藤原氏の氏神である春日神社のように氏ごとに一つあるべき神であったが、

図1　柳田国男（写真撮影　濱谷浩）

古代中世と長い歴史の展開の中で大きく多様な変化があり、その結果、現在では「村氏神」「屋敷氏神」「一門氏神」の三つのタイプがみられるようになったという。

「村氏神」というのは、「或る一定の地域内に住む者は全部、氏子としてその祭に奉仕している氏神社」(「氏神と氏子」定本11、四〇〇ページ)のことであり、これが現在では最も一般的な氏神である。

それに対し、「屋敷氏神」というのは、「屋敷即ち農民の住宅地の一隅に、斎《いつ》き祀られている祠《ほこら》で(中略)こういう屋敷付属の小さな祠だけを、氏神といっている地方は存外に広い。まず東日本では関東平野の半分以上、東京のごく近くの村々から始まって、千葉、茨城、栃木の諸県、東北はほぼ一帯にそうだと言ってもよく、九州でも少なくとも南半分には、その例が多いことを私は知っている。四国の太平洋岸などはまだ確かめていないが、大体に国の端々、中央から遠ざかった地方にこの例が多いかと思われるのは、偶然の現象ではなかろう」(「氏神と氏子」定本11、四〇二ページ)と、分布の上からもこれが「村氏神」の形態よりも古い氏神の形態であると想定する。

また、「一門氏神」については、「特定の家に属する者ばかりが、合同して年々の祭祀《さいし》を営むという、マキの氏神または一門氏神というものが、今も地方によっては残っているのである。これが新たに企画せられたものでなく、前に述べたようなさまざまの変化を経ない以前の状態の、何か事情があって連続しているものだということは、私には証明が出来ると思う」(「氏神と氏子」定本11、四〇八ページ)といい、この「一門氏神」の形態がのちの「屋敷氏神」や「村氏神」の形態があらわれるより以前の、古い氏神の形態を残しているという。

そして、家と子孫の繁栄を願う先祖と氏神は稲の実りを守ってくれる田の神や山の神でもあり、一年の安泰を守ってくれる正月の年神でもあるというまさに神＝先祖一元論ともいうべき論を展開する。

氏神の特に氏人に幸いたまうと信じられたことは、氏に不可分として所属した田の豊熟、後世家督の名をもって家の安泰を代表させたものの保護であった。田の神が山から降りて来て、香《かぐ》わしい色々の食物と、楽しい田唄の囃《はや》しとをもって祭られたまう場所は、今でもまだ多くの農村において、本家の持ち伝えた最も大切な田の上であり、よってまたこれを大田植えとも呼んでいるのである。(「山宮考」定本11、三五七ページ)

先祖が後裔《こうえい》を愛護する念慮は、もとはその全力が一定の土地の中に、打込まれていたと言ってもよかった。考えてみなければならぬことは、数ある農作物の中でも、稲はただ一つの卓越した重要性、即ち君と神との供御《くご》に必ずこれを奉《たてまつ》るという精神上の意義をもっていた一方に、その生産には人力以上のもの、水と日の光の恵みに頼るべき部面が大きかった。田地を家の生存のために遺《のこ》した人の霊は、更にその年々の効果について、誰よりも大きな関心をもち、大きな支援を与えようとするものと、解していた人が多かったのも自然の推理だった。（中略）御田の神、または農神とも作の神とも呼ばれている家ごとの神が、或いは正月の年の神と共に、祭る人々の先祖の霊であったろうかと、私が想像する理由の一つはここにあるのである。（「先祖の話」定本10、五四ページ）

このような、日本の神の原像を家々の先祖とみる柳田の考え方の中には、中村哲も指摘するように（中村哲『柳田国男の思想』一九七四年）、柳田の中に存在する本居宣長《もとおりのりなが》や平田《ひらた》篤胤《あつたね》以来の国学や神道の思想からのぬきがたい影響と、近世封建制のもとで形成され明治国家の官僚体制と明治民法のなかに伝えられた家父長制イデオロギーにもとづく家重視の観念とがあったことは事実であろう。

しかし、神という観念的実在を人の死という絶対的命題と結びつけて、しかも民俗の事実を根拠として考究していった柳田の独創性は、今も普遍に通じる意味をもちつづけ、後に続く者たちの検証を要求しつづけているといってよかろう。それは川田稔も指摘するように（川田稔『柳田国男――固有信仰の世界』一九九二年）、すでにE・デュルケムも『宗教生活の原初形態』のなかで宗教的な力の観念について、マナやワカンなどの非物質的で超自然的かつ非限定的な力の観念をとりあげ、その根源に「一種の匿名の非人格的な力の宗教」としてのトーテミズム的な考え方があるとしつつも、オーストラリアのトーテミズムにおいては、さまざまな面でその氏族の成員を保護し助ける「祖霊」の観念が存在することを指摘しており、死者霊をめぐる観念についての議論はまだまだ奥深い問題をはらんでいるからである。

## 折口信夫のまれびと論

まれびと、とは何か。折口の発見したこの概念については折口自身がまず明確に説明している。

まれという語の溯れる限りの古い意義において、最少の度数の出現また訪問を示すものであったことは言われる。ひとという語も、人間の意味に固定する前は、神および継承者の義があったらしい。その側からみれば、まれびとは来訪する神とい

図2　折口信夫（『折口信夫全集』より
写真撮影　濱谷浩）

うことになる。ひとについて今一段推測しやすい考えは、人にして神なるものを表すことがあったとするのである。人の扮した神なるがゆえにひとと称したとするのである。

私はこの章で、まれびとは古くは、神をさす語であって、とこよから時を定めて来り

> 訪うことがあると思われていたことを説こうとするのである。（中略）てっとりばやく、私の考えるまれびとの原《もと》の姿を言えば、神であった。第一義においては古代の村村に、海のあなたから時あって来り臨んで、その村人どもの生活を幸福にして還る霊物を意味していた。（「国文学の発生（第三稿）」全集一、五ページ）

　このように「国文学の発生（第三稿）」の冒頭で折口はまれびと論の本質を提示する。柳田国男が、事実を列挙して帰納的に結論を導き出す姿勢をとるのとは対照的であり、「てっとりばやく、私の考えるまれびとの原《もと》の姿を言えば、神であった」という定義が最初に示される。そして、その後で多くの事例をあげながらこの論の根拠が説明されていく。これを演繹的といえるかどうか、それはむずかしい。多くの直観と洞察が複雑にからみながらの叙述であるためにである。

　一貫して難解な折口の論文であるが、よく知られているように、この折口のまれびと概念について、神話的モデル（第一次モデル）と歴史的モデル（第二次モデル）の二つのモデル＝概念が存在することを指摘したのは鈴木満男である（鈴木満男「マレビトの構造」『文学』四四―一、一九六八年）。その神話的モデルとしてのまれびととは、ここで最初に折口が提示したまれびとである。つまり、海上の遥か彼方にあり富みと齢《よわい》・長寿の源泉であると同時に常闇《とこやみ》の地で死と禍いの本地でもあるとこよ（常世）から、時を定めて神が来臨し、村人の祭りをうけて祝福を与えまた訓戒を示して去っていくという、神話的観念に支えられた「来訪する神」としてのまれびとである。

それに対し、歴史的モデルとしてのまれびととは何か。まれびとの最初の意義は、神であったらしい。時を定めて来り臨む神である。大空から、海のあなたから、ある村に限って、富みと齢とその他の若干の幸福とをもたらして来るものと、村人たちの信じていた神のことなのである。この神は宗教的の空想にはとどまらなかった。現実に、古代の村人は、このまれびとの来って、屋の戸を押《おそ》ぶる音を聞いた。（「古代生活の研究」全集二、三三ページ）

大晦日・節分・小正月・立春などに、農村の家々を訪れたさまざまのまれびとは、みな蓑笠姿を原則としていた。夜の暗闇まぎれに来て、家の門からただちにひき還す者が、この服装を略するようになり、漸く神としての資格を忘れるようになったのである。近世においては、春・冬の交替に当っておとずれる者を、神だと知らなくなってしもうた。ある地方では一種の妖怪と感じ、またある地方では祝言を唱える人間とし

か考えなくなった。（「国文学の発生（第三稿）」全集一、一四〜一五ページ）

乞食者はすべて、門芸人の過程を経ていることは、前に述べた。歳暮に近づくと、来む春のめでたからむことを予言に来る類の神人・芸人・乞食者のいずれにも属する者が来る。「鹿島のことふれ」が廻り、次いで節季候《せきぞろ》・正月さしが来る。「正月さし」は神事舞太夫のしごとで、ことふれは鹿島の神人だと称した者なのだ。（「国文学の発生（第三稿）」全集一、一六ページ）

そして、折口は次のような図を示す。

おとずれびと ＜ 妖怪
　　　　　　　 祝言職――乞食

つまり、歴史的モデルとは、神話的モデルが現実に展開していると考えられたものであり「ほかいびと＝神人・芸人・乞食」としてのまれびとである。

折口の神観念は、このような来訪神としてのまれびとと、その在所である「常世＝妣《はは》が国＝異郷」の観念にもとづいて提示されたものであった。そして、まれびと論と並ぶもう一つの折口の卓越した理論が鎮魂論であるが、神と魂との関係については次のような見解が示されている。

日本人のたまに対する考え方には、歴史的の変化がある。日本の「神」は、昔の言葉で表せば、たまと称すべきものであった。それが、いつか「神」という言葉で翻訳せられてきた。だから、たまで残っているものもあり、神となったものもあり、書物の上では、そこに矛盾が感じられるので、ある時はたまとして扱われ、ある所では、神として扱われているのである。

たまは抽象的なもので、時あって姿を現すものと考えたのが、古い信仰のようである。それが神となり、更にその下に、ものと称するものが考えられるようにもなった。即ち、たまの善悪の二方面があると考えるようになって、人間から見ての、善い部分が「神」になり、邪悪な方面が「もの」として考えられるようになったのであるが、なお、習慣としては、たまという語も残ったのである。(「霊魂の話」全集三、二六一ページ)

つまり、たまと神は元来は同じ意味であったが、のちに、たまの善なる部分が神、邪悪なる部分がものと理解されるようになり、同時に古い意味を残したままのたまという語も残ったというのである。

ここで、折口のまれびと論にも鎮魂論にも、神・霊魂・死、という三つの命題が基調低音のように横たわり響きあっている点に注意すべきである。

死ぬことは恐ろしい。死んでどこへ行くのだろうか。死んでなくなってしまうのだろうか。恐怖心と他界の考えと、それから永遠の考えとがそこに出てくる。肉体と霊魂との離れるのが恐ろしい。（中略）霊魂の存在を認めると、それに対する恐れが起こり、化け物の考え、神の考えが起こる。（「民間伝承学講義」全集ノート編七、二二ページ）

つまり、死への恐怖が霊魂や神の存在を想像させるというのである。折口にとっても柳田と同様に、神という観念的実在は人の死という絶対的命題と結びつけて考えられつづけた問題であったのである。

## ケガレからカミへ

柳田と折口に学びながら、私はかつて、すべてのカミ（神）はケガレ（穢れ）から生まれる、という仮説を提示したことがある（新谷尚紀『ケガレからカミへ』一九八七年、新装版、岩田書院、一九九七年）。それは、一九七〇年代に設定されたケガレという分析概念をもとに一九八〇年代に展開したハレ・ケ・ケガレ論への批判にもとづくものであった。その後も、この基本的な立場は貨幣をめぐる分析などさまざまな側面から検証を進めてきた（新谷尚紀「貨幣には死が宿る」『お金の不思議―貨幣の歴史学』一九九八年）が、その概要を示すと以下のとおりである。

ケガレは、穢れという一般的な語をもとに波平恵美子や桜井徳太郎らが一九七〇年代以降、文化人類学や民俗学の分野で設定した分析概念である。

それに対して、穢れという観念が汚穢《おわい》や不浄《ふじょう》を意味する語として用いられている早い例は『古事記』のイザナギとイザナミの黄泉国訪問譚《よみのくにほうもんたん》である。死の国を訪問したイザナギが死の穢れに触れてしまったことに対して「吾はいなしこめしこめき穢《きたな》き国に到りてありけり」といって「筑紫《つくし》の日向《ひむか》の橘《たちばな》の小門《おど》の阿波岐原《あわきはら》に禊《みそ》ぎ祓《はら》ひたまひき」と禊《みそ》ぎ祓《はら》えを行っている。そこでは穢れとは死に接触することであり、死には生きている者を死に引きずりこもうとする恐ろしい力がある、したがってその「穢き」ものは禊ぎ祓えによって清めなければならない、という根源的な感覚が示されている。

その後、奈良時代の称徳天皇の詔勅に穢れの文字が頻出する。和気清麻呂《わけのきよまろ》が別部穢麻呂と名替えされた例がよく知られているが、天皇への反逆心を穢れと表現する詔勅が目立つ。そして、平安時代の嵯峨～淳和朝に撰進施行された弘仁式において「触穢悪事応忌者」と表現されて穢れが公式に規定されている。それによれば、「人死限卅日、産七日、六畜死五日、産三日、其喫宍及弔喪問疾三日」(『西宮記』逸文)とあり、死、産、喫宍、問疾が触穢とされている(三橋正「弘仁・貞観式逸文について」『国書逸文研究』22、一九八九年)。そしてそれ以後、平安時代の貴族社会における触穢思想の複雑な展開がみられたのはよく知られているとおりである。

なお、穢れの観念は神道において汚穢や不浄を避ける意味で強調されてきた感があるが、歴史的には仏教の受容との関係にも注意する必要がある(大本敬久「ケガレと穢」『第49回日本民俗学会年会発表要旨』一九九七年)。それは、玄昉《げんぼう》の請来と伝えられ天平期以降に流布した『陀羅尼集経《だらにじっきょう》』巻九にみられる烏枢沙摩解穢法印《うすさまげえほういん》や『大日如来剣印《だいにちにょらいけんいん》』の加持三業《かじさんごう》法《ほう》にみられる解穢法《げえほう》の記事などであり、それによれば、穢観念の形成には密教の影響があったことが考えられる。つまり、先にのべた称徳朝の詔勅に穢れの文字が頻出する背景としては、サンスクリットを学び密教の経典にも通じたとされる道鏡の存在が考えられるのである。

民俗と歴史における穢れの強調は、一つには神事祭礼における精進潔斎《しょうじんけっさい》、二つには罪穢れと刑罰・禊祓《みそぎはらえ》、三つには貴賤視と差別の局面においてきわだっている。

神事祭礼における精進潔斎は禊祓・斎戒沐浴《さいかいもくよく》・忌み籠りが中心で、神事祭礼の担当者にそれが課される。罪と穢れを同一視する考え方は『延喜式』所収の「六月晦大祓」の祝詞に天つ罪、国つ罪を列挙しそれらを祓え清めるとしているところからもうかがえるが、この考え方が定着したのは本居宣長以後のことと考えられる。貴賤視と差別をめぐる穢れ観念は元来貴族の触穢思想の展開と深い関連をもつものと考えられ、職能としての斃牛馬処理、皮革産業、肉食などが死体処理と「宍喫《ししく》い」に由来し、また治安警察や犯罪処理が罪穢れと刑罰および禊祓に由来し、諸芸能活動が人々の厄を負いそれを払う役割に由来するものと考えられる。総じて穢れを祓え清める職能である。

穢れをケガレと片仮名で表記して民俗学の分析概念として用いる動きが現れたのは一九七〇年以降で、それは柳田国男の設定したハレとケという概念をめぐる議論の中から出てきたものである。ハレとは冠婚葬祭などの非日常的な時空で、ケとは労働を中心とする日常的な時空であり、両者の循環のリズムの中に民俗生活をとらえることができるとされていたのに対して、あらためてハレとケに加えてケガレという概念を設定したのは波平恵美子である（波平恵美子『ケガレの構造』一九八四年）。波平は、アメリカの文化人類学者メアリー・ダグラスの、不浄（dirt ; pollution）という観念は物事の体系的な秩序づけや分類の副産物であり、中間領域にあるものや変則的なものは分類や秩序を乱すものであるために区別立てされたものを脅かすものとして不浄とみなされるのだとする分析（メアリー・ダグラス『汚穢と禁忌』一九六六年、邦訳一九七〇年）を紹介しつつ、ハレは清浄性・神聖性、ケは日常性・世俗性、ケガレは不浄性をそれぞれ示す概念であり、日本の民間信仰のヴァリエーションは、このハレ・ケ・ケガレの相互の関係の差異によって生じるものであり、儀礼のうえでこの三者がどのようにからみ合っているかが重要な問題であると論じた。

この波平のハレ・ケ・ケガレ論は、柳田国男のハレとケ、E・デュルケムの聖と俗、E・リーチやM・ダグラスの浄と不浄、という三者が折衷されたものである感が強い。波平のいうハレとは柳田の「ハレ」とデュルケムの「聖」とリーチやダグラスの「浄」とをあわせた概念のようであり、波平のいうケとは柳田の「ケ」とデュルケムの「俗」とをあわせたもの、そして、波平のケガレとはリーチやダグラスの「不浄」にあたる概念のように理解することができる。

それに対して桜井徳太郎はハレとケの媒介項としてケガレを設定し、ケガレは稲の霊力であるケが枯れた状態、つまりケ枯れであり、そのケガレを回復するのがハレの神祭りであるとして、ケ→ケガレ、ケガレ→ハレ、ハレ→ケという循環論を主張した（桜井徳太郎『結衆の原点』一九八五年）。しかし、このケガレをケ枯れ（毛枯れ）とする解釈に対しては

ケガレの具体例と特徴

| | | | |
|---|---|---|---|
| （身体） | 糞尿・血液・体液・垢・爪・毛髪・怪我・病気・死など | 不潔<br>危険<br>強力<br>感染 | 死 |
| （社会） | 貧困・暴力・犯罪・戦乱など | | |
| （自然） | 天変地異・旱魃・風水害・病害虫・飢饉・不漁・不猟など | | |

国語学からただちに穢れの語源は「ケ-ガレ」ではなく、「ケガ-レ」であるとして疑問が提出された。宮田登は桜井の着想を支持しながら、ケを毛（稲の霊力）であるとともに気（人間の生命力）を意味する概念であるとして、ケガレはケのサブ・カテゴリーであると位置づけ、ケ↓ケガレとケガレ↓ハレとを対置させることによりケガレが境界領域として存在していることを指摘している（宮田登『ケガレの民俗誌』一九九六年）。

しかし、この二つのハレ・ケ・ケガレ論はそれぞれの概念に差がある点で致命的であった。波平のケは日常性と世俗性、つまり柳田の「ケ」とデュルケムの「俗」をあわせた概念であるのに対し、桜井や宮田のケは「毛」「気」であり生命力をあらわすというもので、柳田の設定した「ケ」とは別のまったく新しい概念なのであった。したがって、両者の議論がかみあうことはきわめて困難であった。

そのような議論に対して、私はあらためてケガレを究極的には死であると規定し、生命活動の中で必然的に再生産される不浄なもの、感染力が強く危険なもの、たとえば厄災、疫病、犯罪など日常生活を脅かすものを包括する概念として設定し、そのケガレが祓えやられたとき、ケガレが人々の手を離れても無化することなく、ケガレの価値の逆転現象がおこり、ついには神々が誕生するというメカニズムの存在を主張した。そこでは、葬儀の棺担ぎ役が脱ぎ捨てた草履を拾って履くと足が丈夫になるとか馬糞を踏むと足が速くなるなどという汚いものが縁起物にかかわる民俗に注目すべきだとして、死穢そのものである水死体がエビス神に祭られる例、村境の道祖神が忌むべき兄妹婚伝承をともないながら正月行事などで火中に投じられる例、記紀神話の天照大神はじめ三貴神がイザナギによる死穢の禊祓によって誕生した例などをあげている。

つまり、ハレとケは柳田の設定したとおりの概念として動かす必要はなく、ケガレは新たに設定すべき概念であり、波平のいうリーチやダグラスの浄不浄論を参考にしつつも、あらためて日本歴史の中に展開してきた穢れという観念を基礎として、ケガレとは死の力であり、その対概念はカミであり生命力である、とする理論を提示したのである（新谷尚紀「死とケガレ」『往生考—日本人の生・老・死』小学館、二〇〇〇年）。

本書は、日本の神とは何かという問題を、このようなケガレ・ハラへ・カミという転換のメカニズム、つまりケガレからカミが生まれるという仮説方程式を基本としながらも、具体的な神社の神事や祭礼の個別分析を通して考えてみるものである。神を祭る現場における細かな情報こそ人々の神観念を考えるうえで最も重要と考えるからである。

## 民俗学の方法

神事や祭礼の分析にあたっては、第一に神事儀礼の観察、第二に歴史資料の確認、第三に儀礼構造の分析、という三段階の作業を試みることとした。なぜなら、民俗学の方法として、歴史的（通時的 diachronic）研究視角と構造分析的（共時的 synchronic）研究視角とが存在し、その両者は一方だけでなく併用されるべきである（新谷尚紀「民俗学の方法論」『民俗学論叢』一四、一九九九年）とする自分の立場を例示する必要があると考えるからである。

民俗学における歴史的（通時的）研究視角と構造分析的（共時的）研究視角との併用の重要性は、おそらく今後も強調されていくことと思われる。柳田国男の提示した民俗調査の方法や比較研究法に対して、没後その有効性と限界性との確認も十分に行われないまま、戦後から今日に至るまで、民俗学は圧倒的な物量をもって流れ込む文化人類学・社会人類学の威勢の前に、また、フランスのアナール学派の影響をうけた日本歴史学の社会史研究における攻勢の前に、あるいは人類学づき、あるいは歴史学づいた感がある。そしてそれは民俗学の歴史の上ではたして幸福であったのか不幸であったのか、その検証はこれから行われていくことであろう。かつて、柳田は誕生したばかりの民俗学に対して、外部にある「好意の軽蔑」と、内にある「謙遜の無責任」、これらの一つずつを取り払っていくことこそがこの学問の成長であるとのべている。

現代社会の生活の激変のなかで、民俗学においてもその混沌の中に多様な新しい方法論への模索が行われている。そして、社会変化の大波にもまれながらも眼前の関心事から出発した生活観察の叙述や文献追跡の作業はそれなりに積み上げられてきており、最近あらためて自分自身のフィールドワークをもとにした民俗の現場からの新しい研究成果が続々と発表されてきつつあるその風圧は十分に感じられる。たとえば、その一部をあげれば、安室知『水田をめぐる民俗学的研究』（慶友社、一九九八年）や関沢まゆみ『宮座と老人の民俗』（吉川弘文館、二〇〇〇年）など、伝統的な民俗調査の技法を十分に発揮しながら力強く新しい民俗学を提示しようとしている作業例といってよい。そして、それらが示しているように、民俗学は決して単なる生活評論や世相解説ではなく、もちろん隣接諸科学からの理論借用による民俗解説でもない。なぜなら、現場の生活感覚へのあくなき接近作業を基礎としつつ歴史的研究視角と構造分析的研究視角との併用による人間の生活知を生存知を広く深く探り、それを理論化しようとする学問であるからである。

また、いま新しい民俗学への脱皮へむけて、一方ではかつての民俗学がやり残したままのことつまり柳田国男が創造した比較研究法の可能性の再吟味の作業も必要であろう。たとえば民俗学の関係者が放棄して見向きもしなかった方言周圏論が、松本修『全国アホ・バカ分布考』(一九九三年)によってその可能性への再認識の必要性が提示されたことも忘れてはならない。

本書では、私の調査事例のうちでも比較的早い時期から観察してきた神社や寺院の神事祭礼の分析を試みている。これらの中には調査を始めたころに機会を与えられるごとに別稿で発表したことのあるものも多い。しかし、神事祭礼の世界は奥が深く、はじめのころには見えなかったものが時間がたつとともに鮮明に見えてくるということもあり、ここにあらためてまとめてみることとした。

# 鳥喰と禊祓

# 厳島神社の御島廻式

安芸の宮島は海に浮かぶ朱の大鳥居で知られる日本三景の一つである。その厳島《いつくしま》神社に興味深い神事が伝えられている。御島廻式《おしまめぐりしき》といい、

## 御島廻式と神烏

島の周囲の七浦を船に乗って一巡し、浦々に鎮座している末社の七社を巡拝するものである。そして、この御島廻式の中で最も重要な神事が、養父崎《やぶさき》神社沖の海上で行われる御鳥《おと》喰神事《ぐいしんじ》である。御師《おし》と呼ばれる神職の祝詞《のりと》と伶人《れいじん》と呼ばれる若い神職の笛にあわせて、神饌の粢《しとぎ》を海上に浮かべ、厳島の山中に棲息する烏に供するのである。この烏は神烏《ごがらす》と呼ばれており、雌雄一双の特別な烏であると考えられている。そして、もし参拝者の中に穢れのある者がいると決して烏は出て来ないといわれている。

毎年、三月と九月の七浦神社祭と五月十五日の宮島講の講社大祭のときに執行されているが、その他一般にも公開されており、毎年三月から十一月までの期間、願主があればその依頼によって執行されている。これに参加すると無病息災、家内安全の御利益《ごりやく》があるという。

## 島廻りと御島喰神事

私が最初に参加した御島廻式は、昭和四十九年（一九七四）八月二十九日、広島市横川の開業医であった松原博臣氏が願主となって行われた御島廻式であった。御師と伶人の乗る御師船と、願主以下参拝者の乗る客船とをしつらえて、早朝に厳島神社の前から出発するのであ

図3　朱の大鳥居と厳島神社

るが、ただその日は御師船の準備がまにあわず、杉の浦神社までは御師と伶人と小者の三名が私たち参拝者の乗る客船に乗船することとなった。そのため逆に御師と伶人と小者のそれぞれの作業を近くで見学することができた。船は島を右手に見ながら浦々を巡拝する。その順番は、長浜神社↓杉ノ浦神社↓包ヶ浦《つつみがうら》神社↓鷹ノ巣浦神社↓腰少浦《こしぼそうら》神社↓青海苔浦《あおのりうら》神社↓養父崎神社↓山白浜神社↓須屋浦神社↓御床神社↓大元神社、の順である。

長浜神社は船中から拝み、杉ノ浦神社では上陸して祭典を執行した。上陸に際しては禊《みそぎ》祓《はらえ》のために茅《ち》の輪《わ》をくぐる。茅の輪といっているが実際は竹に注連縄《しめなわ》を張り垂手《しで》を付けたもので、それを張りわたしてその下をくぐるのである。祭典の次第は、献饌、修祓《しゅうばつ》、祝詞奏上、奏楽、神拝、退下の順に行われる。献饌は春日台と呼ぶ板の台の上に洗米、神酒、魚、撮《つま》み餡《あん》餅を乗せたものである。杉ノ浦を出ると、小者が手桶に清浄な海水を汲み取り、その水で御師と伶人が持参した米粉をねって粢《しとぎ》を作る。粢は包ヶ浦神社への供饌《きようせん》用を二個、これは柔らかに作って岩にくっつくようにする。そして、御鳥喰い用に六個ないし八個、つまり偶数個作る。また、内侍岩への供饌用のもの、これは幣串《へいぐし》に巻き付けるが、それを一個作る。包ヶ浦神社の社殿は巨岩上にあり、船は社前で停止して船中で祭典を執行する。祝詞奏上の後、粢二個と幣串一本とを社殿前の岩上に供える。これを「神烏《ごがらす》の朝の

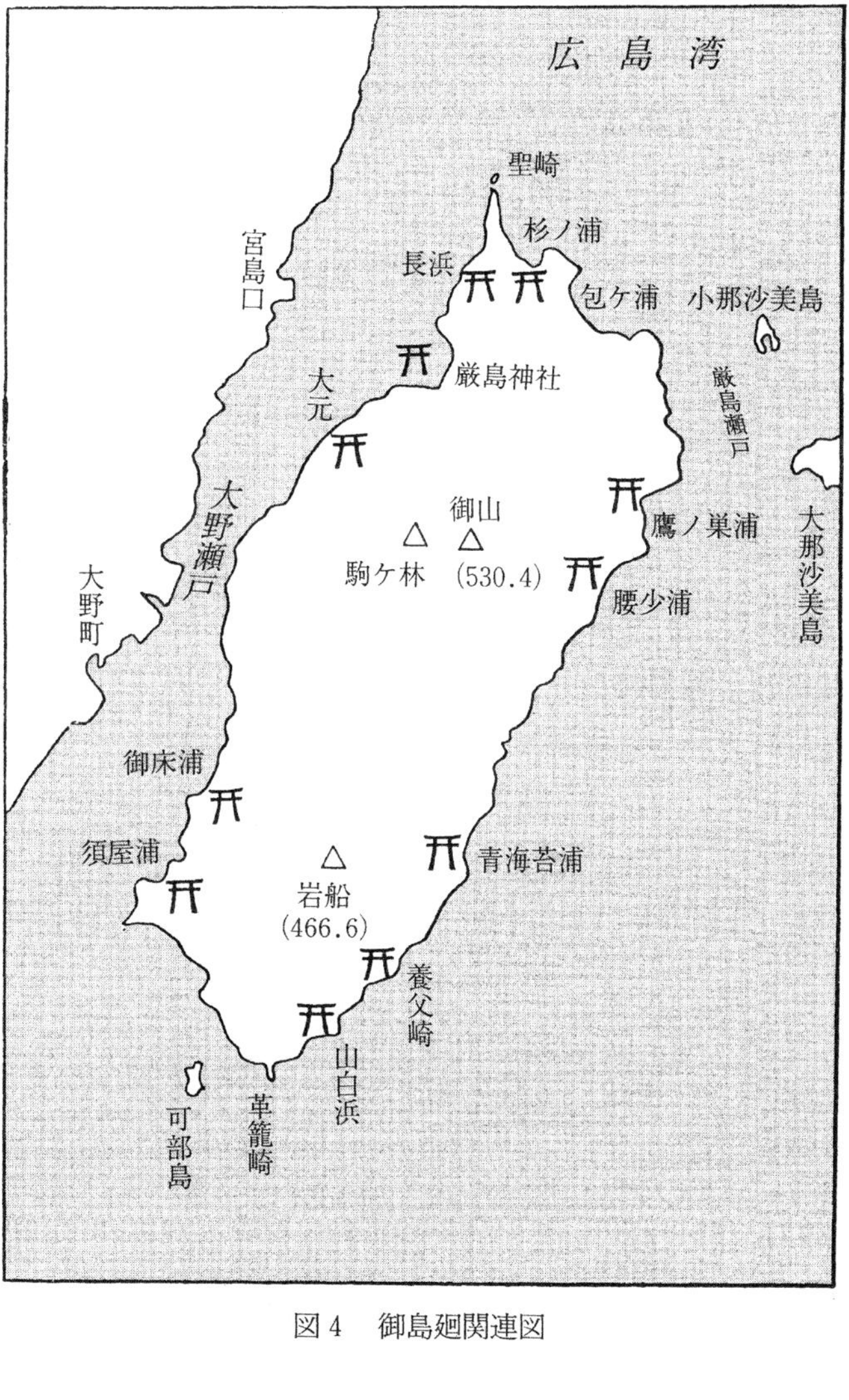
広島湾
聖崎
杉ノ浦
長浜
宮島口
包ケ浦
小那沙美島
厳島神社
厳島瀬戸
大元
御山
鷹ノ巣浦
大那沙美島
駒ケ林
(530.4)
腰少浦
大野瀬戸
大野町
御床浦
須屋浦
青海苔浦
岩船
(466.6)
養父崎
山白浜
可部島
革籠崎

図４　御島廻関連図

御供《ごく》」という。包ヶ浦の祭典を終えた船は鷹ノ巣浦神社、腰少浦神社、青海苔浦神社へと向かう。青海苔浦神社では一同上陸して社前に進み祭典を執行する。そして、いよいよ養父崎へと向かう。

　青海苔浦を発船すると伶人は横笛で鳥向楽《ちょうこうらく》を奏する。ただし、実際には略して新楽乱《らん》声《じょう》を奏することが多い。御師は青海苔浦を出ると手桶に清らかな海水を汲み、修祓をする。手桶に榊《さかき》の小枝を添え、これで海水による祓えをする。神饌、粢、伶人、小者、船頭、客船の順に祓う。やがて養父崎神社近くになると、御師は祝詞を奏上する。社前の約二、三丁の沖合いで船を停め、粢を海上に浮かべる。粢は、米粉を海水でねって作ったものであるが、それを載せる折敷《おしき》状のものも粢と呼んでいる。それは薄い板片を並べた方三尺ばかりのものに薦《こも》をつけ、その中央部分に径七、八寸くらいの六角形の板の囲いを作り、その内側に藁束《わらたば》を入れ、野苺《のいちご》の葉を数枚敷き並べたものである。その上に六個ないし八個の偶数個の粢を載せて御幣を三本立てておく。御師はその粢を海上に浮かべ、伶人は新楽乱声の笛の奏楽を続行する。奏楽につれて養父崎神社の小祠の後方の森の朱の鳥居のあたりから一双の神鳥《ごがらす》が現れ、海面すれすれに飛来して粢に止まり、粢を啄《ついば》んで交互に神社の森に運ぶ。これが御鳥喰いであり、粢を啄んで運ぶことを「あがる」という。御鳥喰いがあが

図５　御鳥喰神事（船上の神職たち）

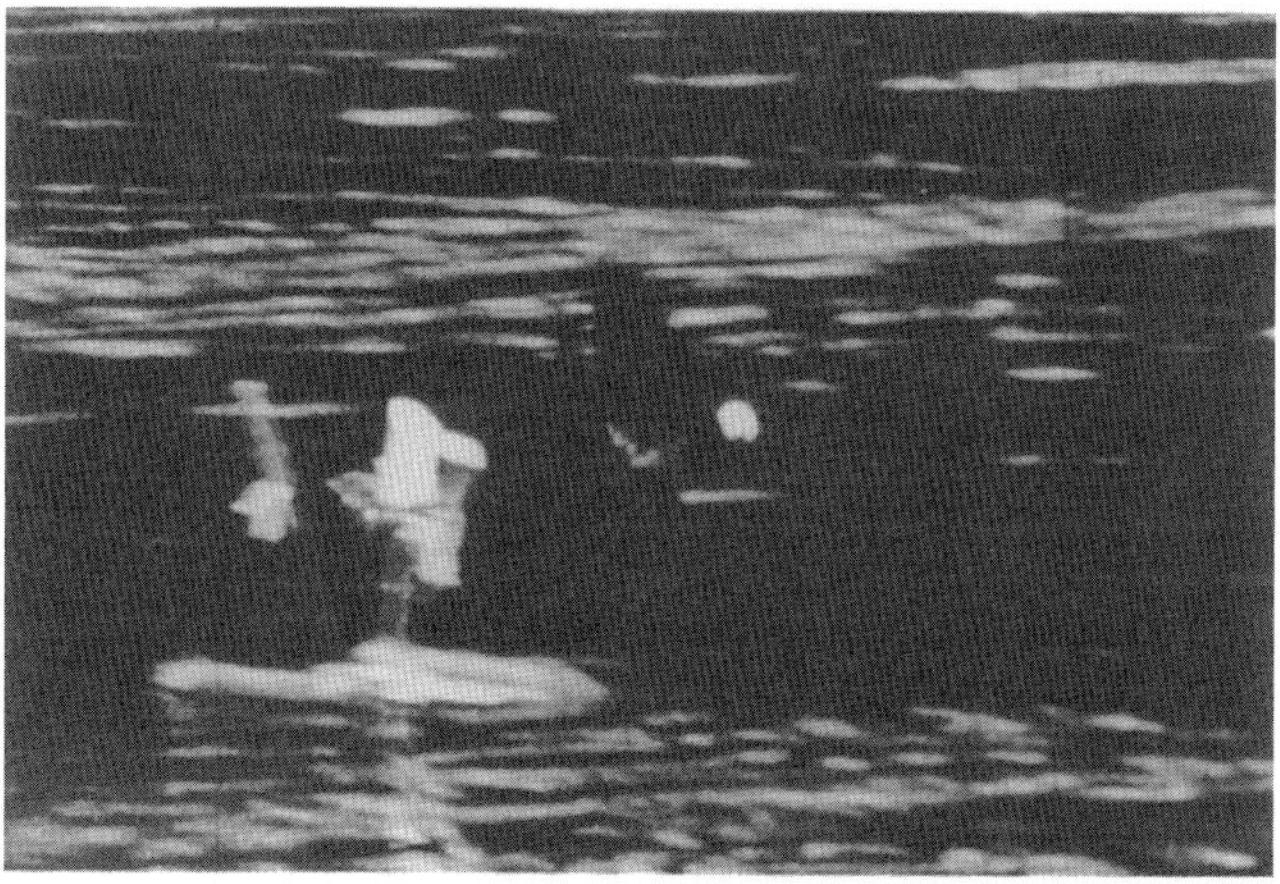

図６　御鳥喰神事（御鳥喰があがる瞬間）

れば伶人はそれまでの鳥向楽、実際は新楽乱声の場合が多いが、それを合歓塩《ごうかんえん》にかえる。粢が尽きれば御鳥喰いは終わる。御師はこれを見て粢の折敷を覆し、一同船中より養父崎神社に拝礼して山白浜に向かう。

## 現れない神鳥

これが、通常の経過であるが、昭和四十九年に私が最初に参加した御島廻式では鳥はなかなか現れなかった。いくら待っても現れない。御師と伶人が一生懸命に祈念し笛を奏しても鳥は現れず、海上に浮かべた粢が養父崎から流されてしまい、いったんそれを引きあげて再び養父崎神社の前に浮かべなおしたりした。客船に乗っている私以外の参拝者たちはすでに何度かこの御鳥喰のあがるのを経験しているらしく、今回は遅いとしきりにいう。ちょうどその昭和四十九年当時は西日本一帯の山林で松喰い虫の被害が猛烈ないきおいで広がっていた時期で、松喰い虫の被害を避けるために営林署の作業員が厳島の松の伐採作業を連日行っていたので、その電気のこぎりの騒音で神鳥さまの機嫌が悪いのかも知れないなどと話す者もいた。時折、鳥が上空に現れるのだが体の大きいトンビに追い払われてしまう。トンビはしかし、粢に御幣が立てられているので自分では粢に近寄れないのだと物知り顔で解説する人もいる。およそ一時間以上もたっていたであろうか、もうあきらめて船を出発させるのではないかと思っていたとき、誰かの「来たぞ」という声が聞こえて楽の方に目をやると、一羽の真っ黒い小さな烏が確かに白い楽を口ばしにくわえて飛び立った。そして、養父崎神社の森に入ってそれっきりであった。ふつう一度あがれば何度もくりかえし飛んできてはあがるものだというが、そのときは一回きりであった。

しかし、とにかく御烏喰があがったわけであり、みんな安堵の気持ちで養父崎を後にした。山白浜神社を過ぎて須屋浦に着くと一同上陸して昼食をとる。かつては撮み餡餅と和布膾《わかめなます》の膳に神酒を付けたというが、私が参加したころはあなご弁当を食べるようになっていた。御床神社を経て一路帰路につくが、その途中、内侍岩への供饌がある。これを「神烏の夕の御供」という。これは御師が楽を巻きつけた幣串を内侍岩に捧げるものである。昔は内侍岩の傍らまで船が近づくことができたようだが、海岸線の隆起によって、今はよほどの満潮時でなければ近寄れないので、普通その沖の海中に投入して奉ることにしている。この内侍岩への夕の御供の供饌を終えた一行は船着き場へと帰って解散となった。

# 史実と伝承

## 素朴な疑問

この厳島神社の御島廻式《おしまめぐりしき》と御鳥喰神事《おとぐいしんじ》の意味について考えてみる。奇妙な神事である。神烏《ごがらす》とはいっても烏は烏である。烏に神職の人たちはなぜ緊張して平伏し供饌《きょうせん》の粢《しとぎ》をささげるのか。なぜこの神事によって参加者が無病息災、家内安全となるのか。烏は神様の使いだという説明ですまされやすいが、では、なぜ烏が神様の使いなのか、厳島神社の神様と烏とはどのような関係があるのか、素朴な疑問が次々とおこってくる。

そこで、まずこの御島廻式と御鳥喰神事がいつごろから行われてきたものか確認しておく必要がある。

### 島廻りと鳥喰の記事

この御島廻式という神事が歴史的にどこまで遡れるのかについてまず確認できるのは、大永・天文のころに厳島神社の棚守職であった房顕（一四九四〜一五九〇）という人物の手記『房顕記』（天正八年（一五八〇））の記事である。

天正九年二月初申三日、山口アク。

然レバ、二月以来島廻ハ五ケ度、四月ニモ執行ストイヘドモ、鳥喰一度モ上ラズ、此ノ由注進ヲ遂ゲ候、公方和、社家三方ノ気遣ヒモ是非ニ及バザル次第ナリ。

当社ノ神秘ハ多々アリトハイヘドモ、彼ノトクヒハ取リ分ケ、御神秘ノ故、房顕、同五月十六日ニ島廻ヲ申ス処ニ、鳥ハ二羽、ヤブサキノ社頭廻リニ渡リ候ヘドモアガラズ候間、色々立願ドモ、七浦ノ社、午王十社、百韻ノ連歌、速田ノ御供、進宮ノ願書ドモ仕リ候テ祈念申ス処ニ、先例ノ如ク、ハルカノ海上ニトグヒ上リ申スノ条、上和、当島安堵ス、コノ節ノ条ヲ書記シ畢《おわ》リヌ、ソレ以後、元良ト内藤小七郎ト二ケ度鳥喰上リ申シ候

これにより、天正九年（一五八一）当時にはすでに御島廻式と御鳥喰神事が古来の神秘的な神事として執行されていたことがわかる。その後、江戸時代になると、『厳島道芝記』

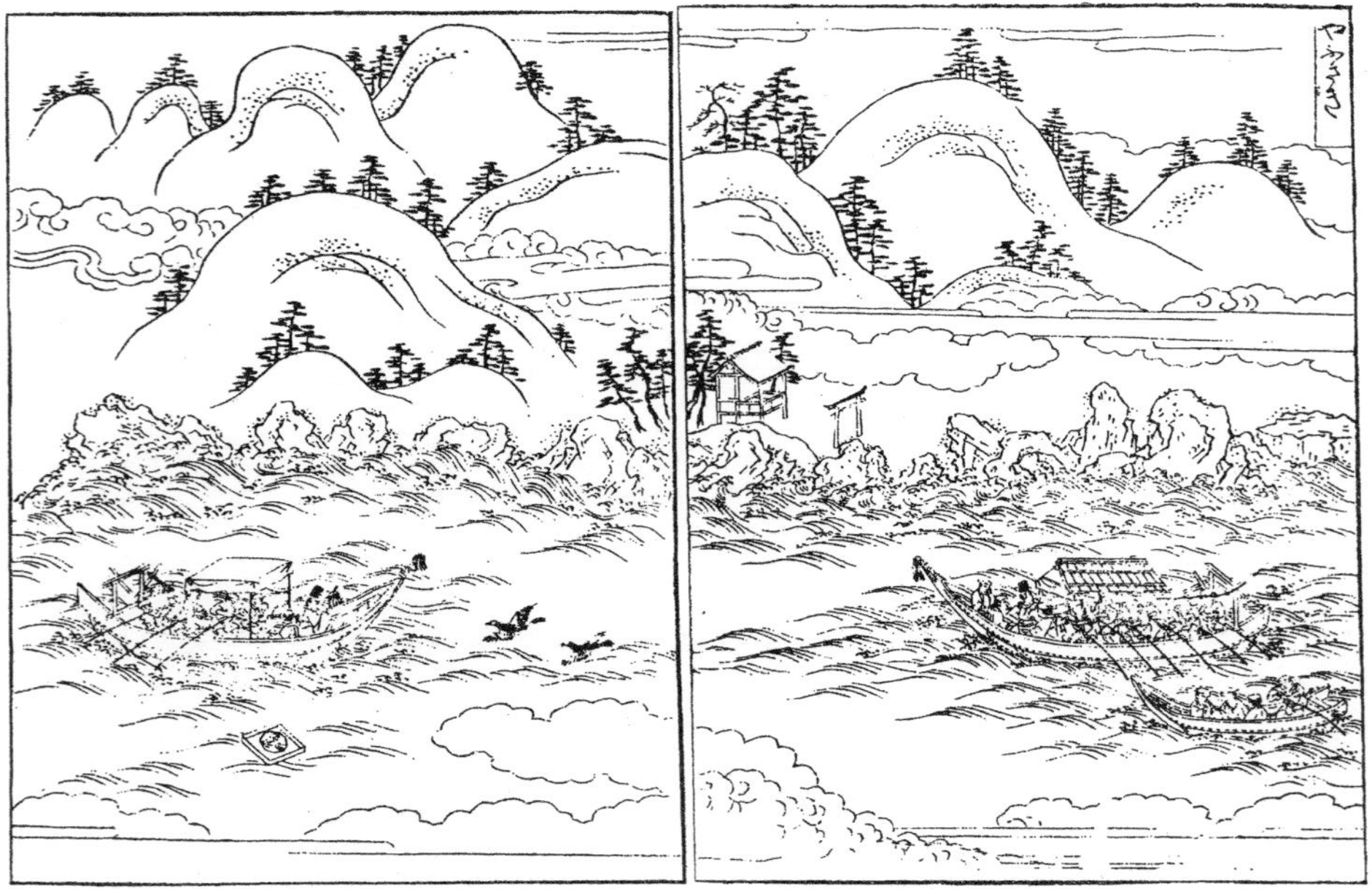

図7　厳島の御鳥喰の図（『厳島道芝記』）

（小島常也、元禄十五年〔一七〇二〕刊行）、『芸藩通志』（文政八年〔一八二五〕刊行、巻一四巡島禊祓・巻一五祥異にその記事あり）、『厳島図会』（岡田清、天保六年〔一八三五〕刊行）などにさかんに記されており、この御島廻式が厳島神社にとって重要な神事として古くから今日にまで伝えられてきたことがわかる。ただし、この『房顕記』以前の中世や古代の史料についてはまだ確認できていない。

## 島廻りの由来伝承

次にこの神事の由来についてはどのような伝承があるか。先の『房顕記』はとくにそれについては記していない。それに対して、元禄十五年〔一七〇二〕刊行の『厳島道芝記』は、

御島廻と申すは忝《かたじけな》くも三はしらの御神、此島に降臨ましまして鎮座の地を見そなはし給はんと、浦々を廻らさせたまふ縁なり

と、三女神の鎮座に際してその鎮座地をさがして浦々を廻ったことに由来するものと記している。

## 女神鎮座伝承

では、その女神の鎮座伝承にはどのようなものがあるか。厳島神社の女神鎮座の伝承を記す記録として注目されるのは、表1に掲げる「佐伯景弘解」（『平安遺文』三四八三）のほか、よく知られている『長門本平家物語』、『源平盛衰

表1　女神鎮座伝承における構成要素の比較

| | ① | ② | ③ | ④ | ⑤ | ⑥ | ⑦ | ⑧ |
|---|---|---|---|---|---|---|---|---|
| 佐伯景弘　解 | 推古　丑 | | 佐伯鞍職 | | | | | |
| 長門本　平家物語 | 推古端政五年癸丑九月十三日 | 播磨国印南野に鹿殺害して流罪 | 佐伯蔵本 | 網舟・釣舟 | 九州より<br>くれなゐの帆<br>船、実は瑠璃のつぼ<br>貴女 | 食事を求む<br>米を海水で | (歌) 大宮より左八、右九、中は十六 | 島廻り<br>三笠浜 |
| 源平盛衰記 | 推古癸丑端正五年十一月十二日 | | 佐伯鞍職 | 網釣 | 西方より<br>紅の帆<br>船中に瓶、その中に赤幣<br>三人の貴女 | | | |
| 厳島御本地 | 推古たんしょう五年きのえさる十二月十三日 | はりまの国みなみ野に鹿殺害して流罪 | さい丈(支)の蔵もと | | 西より<br>くれなひのほ<br>船、るりのとまのなかに<br>美女一人 | 食事を求む<br>米を海水で | (歌) 大宮は左は八ツ、右は九ツ中は十六 | |

| | | | | |
|---|---|---|---|---|
| ⑨ | | 遠賀島＝あらいつくし | 遠賀島 | おんがのあたり<br>くろます島＝いつくしき島 |
| ⑩ | 宣旨<br>国司修造 | 蔵本上洛、伝奏を<br>紫宸殿の上に<br>大星三星異光放ち<br>霊鳥集まり<br>十二万の榊の枝をくわえて<br>神領寄進 | 鞍職上洛、官奏を<br>摂津国難波の王城<br>艮に客星、異光放ち<br>千万の烏鳥集まり<br>榊の枝をくわえて<br>俸田、杣山寄進<br>国司修理 | 蔵もと<br>王城の艮に<br>客じんしょう出る<br>五烏おおくあつまり<br>さかきのゑだをくわゑて<br>供田、杣山寄進<br>国司造営修理 |
| ⑪ | | 娑竭羅龍王の娘<br>神功皇后の妹<br>淀姫の姉<br>旅の神<br>仏法興行のあるじ | 娑竭羅龍王の娘<br>天照太神の孫<br>本地は、<br>大宮は大日、弥陀<br>普賢、弥勒 | 天竺の西城国の天一王の姫<br>宮、足引宮<br>本地は、大日如来 |
| ⑫ | | 百王守護のため<br>密教を渡さんがため | 百王守護のため | 衆生済度のため |
| ⑬ | 鞍職は、<br>神主景弘の祖 | 蔵本は神主の祖 | | 蔵もとは、あらゑびす<br>五烏は、はやたの御前 |

| | ① | ② | ③ | ④ | ⑤ | ⑥ | ⑦ | ⑧ |
|---|---|---|---|---|---|---|---|---|
| 伊都岐島皇太神御鎮座記 前半部分 | | | 佐倍伎乃久良茂止 | 魚釣 | 天より降臨 天磐舟 天鳥舟 三女神 | | | 七浦めぐり 三笠浜 |
| 伊都岐島皇太神御鎮座記 後半部分 | 推古端正元癸丑十二月一日 | | 佐伯鞍職 | 魚釣 | 小舟 三女神 | | (歌）大宮のよりへはいくつ、左八つ、右は九つ、中は十六 | 七浦めぐり 三笠浜 五鳥追って |
| 『伝記』（『厳島道芝記』所収） | 推古天皇癸丑端正五年十一月十二日 | | 内舎人佐伯鞍職 | 釣 | 西方より　紅帆　船　その中に瓶 瓶の中に赤幣をつけた鉾　三神女 | | | |
| 『野坂将監従五位下大宮棚守佐伯房顕記』（『厳島道芝記』所収） | 推古天皇癸丑端正五年 | | 佐伯くらもと | 釣 | 天照大神の勅命により 市杵島姫命天降る | | | |

| | | | | |
|---|---|---|---|---|
| ⑨ | 遠賀島 | | | |
| ⑩ | | 帝宅<br>奇星見える<br>烏<br>榊枝くわえて | 王城に星現れて　烏が榊枝を口に<br>くわえ帝勅により宮社を建てる | 五烏が市杵島姫命の部曲《みとも》 |
| | | 造営の勅 | | |
| ⑪ | | | 厳島太神 | 市杵島姫命 |
| ⑫ | | | 百王守護のため | 西海を守るため |
| ⑬ | 神烏は、<br>・八咫烏<br>・速谷神社<br>・大頭神社<br>御鳥喰 | | | |

記』、『厳島御本地』などの記事である。「佐伯景弘解」というのは、仁安三年（一一六八）当時の厳島神社の神主で、社屋の大改築を行うなどして平清盛と接近し厳島神社の繁栄の基礎を築いたとされる佐伯景弘の提出した解文《げぶみ》で、『芸藩通志』巻一八に引用されているものである。

このほか、厳島神社に伝えられてきた史料では、『厳島道芝記』が引用する『伝記』と『野坂将監従五位下大宮棚守佐伯房顕記』、それに『伊都岐島皇太神御鎮座記』という未刊の冊子の記事が注目される。この『厳島道芝記』が引用する『伝記』と『野坂将監従五位下大宮棚守佐伯房顕記』は現在その存在は不詳で、『野坂将監従五位下大宮棚守佐伯房顕記』の記事は『房顕記』とは異なるもので両者は別々のものと考えておく必要がある。

## 鎮座伝承と時代ごとの脚色

表1は、それぞれの鎮座伝承の構成要素の比較を試みたものである。これによって次のような点が指摘できる。

第一に、『長門本平家物語』、『源平盛衰記』、『厳島御本地』の説くところは、『伝記』と『伊都岐島皇太神御鎮座記』の後半部分の伝承と共通している。そして、それらにおいては、平家一門の厳島神社への信仰の反映が濃厚にみられる。また、本地仏と垂迹神の関係を強調するなど、神仏習合による仏教的な色彩が濃厚である。それは、⑤

の部分の紅帆や赤幣と平氏の赤旗との共通性、それに船中の瓶と『平家物語』の鹿ケ谷の陰謀の段（巻第一、鹿谷、『平家物語　上』日本古典文学大系一二四ページ）における瓶子＝平氏のエピソードとの共通性、それに⑩にみるような朝廷からの神領寄進と国司による修理などという関係の強調、また⑪にみるような本地垂迹の説明などによって指摘できる。

第二に、『野坂将監従五位下大宮棚守佐伯房顕記』と『伊都岐島皇太神御鎮座記』の前半部分とが共通している。そして、そこでは仏教的な色彩が排除され、しかも平家一門の信仰の反映もほとんどみられず、逆に女神に従ってやってきた神鳥《ごがらす》を八《や》咫烏《たがらす》としたり、女神は日神とか天照大神が天より降臨させたなどというように、記紀神話との付会がめだつ。

## 京都吉田家の関与

このような記紀神話との付会が行われた背景としては唯一神道で知られる卜《うら》部《べ》吉田家の関与が考えられる。その理由は、一つにはこの厳島神社の女神の名前として『長門本平家物語』や『厳島御本地』にはまだみえず、『野坂将監従五位下大宮棚守佐伯房顕記』においてみられる市《いち》杵《き》嶋《しま》姫命《ひめのみこと》という神名は、記紀神話が天照大神の子と記す宗像三女神の一柱であり、それをこの厳島神社の祭神の名として記紀神話との付会を行った史料的初見が、他ならぬ卜部吉田家の編になる『大日本国一宮記』や『延喜式神名帳頭註』であるからである。また二つには、先にあげた『房顕記』の中に卜部吉田兼右から棚守房顕への神道伝授の記事が散見されるからである。

『大日本国一宮記』（『群書類従』第二輯）は、卜部吉田家累代の神社研究の成果として著されたもので、原本は卜部兼熙（一三四八〜一四〇二）によって記されていたものが、のち兼倶（一四三五〜一五一一）を経て兼右（一五一六〜七三）に至って加筆集成されたものと推定されている（『群書解題』）が、そこには、

　伊都岐嶋神社　天照与素戔鳥誓給生三女市杵嶋姫　安芸佐伯郡

と記す。また、『延喜式神名帳頭註』（『群書類従』第二輯）は、その奥書によれば、文亀三年（一五〇三）の卜部兼倶の著作であることがわかるが、そこにも、

　伊都支嶋　号厳嶋大明神　天照与素戔誓所生三女　其一神市杵嶋姫也

と記している。

それに対して、『房顕記』には、その卜部吉田兼右の来島や神道伝授の記事がみえる。

天文十三年（一五四四）　卜部兼右の来島

サル程ニ、卜部神主兼右ハ京都ヨリ、三入ノ御陣ニ下向アリケレバ、ヤガテ当島へ下向アリ、宿坊ハ大乗坊、則チ神前ニ於テ護摩行事ヲ二七ヶ日執リ行ハル、御祓ソノ外神道ヲ少々神職ニ相伝アリ、上意ヨリノ儀ハ、棚守房顕ニハ、月次ノ神事ヲ相伝フベ

シト、兼右へ仰セ渡サレケレバ、伝へ申スナリ、コノ御神事ハ千貫バカリモ入ル事ナレド、御旦那ハ大内殿ナレバト存知シ伝へ申スナリ、兼右ハ卅日バカリ在島アリテ、山口ニ下向アリ

元亀二年（一五七一）遷宮に吉田兼右を招き神道伝授

然レバ遷宮ノ儀ハ、往古ハ当社ノ社家老者中ニテ調へ来ルト見エル、房顕ハ当社ノ事、弥々太ヤカント存ズル故、元就公ト申シ談ジ、従前ノ神道伝授ナレバ、京都ノ吉田神主兼右ヲヨビクダサント申ス

然レバ、未歳六月十四日、元就公御死去ナレバ、万事ニ相違ナレドモ、兼右ヲヨビ下シ申ス、十二月廿一日下向アリ、長楽寺ヲ宿坊ニ申シ付ク、廿一日ヨリ晦日マデハ棚守カクマイ申シ、正月一日ヨリハ上ヨリノマカナイナリ

今度兼右ノ下向ニ付イテ、神道伝授ノ事アリ、元行ハ護摩行事、上卿景豊ハ行伝授、祝師正久ハ行事、防州ノ末岡ハ行事

これらの記事から、吉田兼右の「神道伝授」により厳島神社の神事や歴史の解釈に新たな脚色がなされていった可能性が大であると考えられるのである。

このように厳島神社の女神鎮座伝承には、大別して『長門本平家物語』や『源平盛衰

記』、『厳島神社御本地』などの説くものと、『野坂将監従五位下大宮棚守佐伯房顕記』や『伊都岐島皇太神御鎮座記』の前半部分の説くものとの二つの系統があるわけであるが、それらは、前者が平家一門の信仰と仏教的脚色、後者が唯一神道の吉田家による記紀神話的脚色をうけているということが指摘できる。

**古伝承の抽出**

そこで、このような鎮座伝承からさまざまな付会や脚色を除いた、厳島神社固有の古伝承を抽出するとすれば、次のようになるであろう。

表1の③・④・⑤・⑧より、

③佐伯鞍職が
④魚釣りをしていたところへ
⑤船があらわれ、そこに貴き女神が乗っていた
⑧女神は鎮座地をもとめて島の浦々を巡り、三笠浜にたどりついて鎮座地と定めた

という部分は、『長門本平家物語』や『源平盛衰記』、『厳島御本地』などの成立する時期より以前から、固有の伝承として伝えられていたのではないか。

そして、ここで注目したいのは、

⑩鳥の伝承

である。『厳島御本地』の伝える五烏《ごがらす》の記事は、いろいろと脚色はあるものの、当時より、この厳島神社の神の使いとしての烏の信仰が存在していたことをものがたるものといえよう。

そして、さらに注目したいのは、

⑥女神への供饌の伝承

である。女神が食事を求めたので米を海水で洗って供したと伝えているが、この方式はまさに現行の御島廻式において伝承されている神饌の粢《しとぎ》の調製法と相通じる。こうしてみると、この⑩・⑥が間接的なかたちで伝える烏の信仰と御烏喰の神事とは、厳島神社にとって、時代ごとにさまざまな脚色や付会が行われたこととは別として、『長門本平家物語』や『厳島御本地』などが伝える古代末から中世にかけての古い時代からの重要な神事伝承であった可能性が大である。

# 儀礼世界の構造

## 原初回帰

こうした神社の起源伝承や縁起の類の伝える歴史世界というのは、そのまま史実ではない、虚構に満ちたものである。しかし、その伝承の歴史性、史実性が強く主張されているやっかいな歴史資料である。このような資料はその主張する虚構性と歴史性の両者を含めた民俗資料として扱うほうがよい。民俗資料として扱うということは、それを記し残し語り伝えた人たちの歴史認識を示すものとして扱うということである。したがって、これら記録された起源伝承の類は、現在語り伝えられている起源伝承とも同じレベルで参考にすることが可能となる。現在まで、この厳島神社の神職をはじめ関係者の間で語り伝えられているこの御島廻式の伝承は次のとおりである。

三女神を迎えた佐伯鞍職《さえきのくらもと》は御座船を新しく造り、玉串をたて幣帛をおいて女神を奉遷し、島の浦々を巡見して宮地を求めながらこの島を右にして一巡した。しかし、宮地の選定は難しく、杉ノ浦、鷹ノ巣浦、腰少浦《こしぼそうら》、青海苔浦《あおのりうら》と、それぞれここと思うところに上陸したがいずれも女神の御心にかなう宮地ではなかった。すでに島の半ば以上も廻ったがまだ御心にかなう所がなく、神烏《ごがらす》も姿を見せない。そこで鞍職は養父崎《やぶさき》の沖に来たときに海上に粢《しとぎ》をうかべてみた。すると、この粢を神烏が啄《ついば》み飛び去ったので、鞍職はこれをあおぎ見ながらそのあとに従って御笠浜《みかさはま》まで追ってきたところ、ここで神烏の姿が見えなくなった。このとき女神は、実はこの地が吉《よ》い地だと思う、汝もこの地が吉いと思うならばここに社殿を造営してほしいと仰せられた。そこで鞍職は御笠浜に社殿を造営して女神をまつったのである。御島廻式というのはこのことにならって行われるのである。（野坂元定「厳島神社の神事と芸能」『厳島民俗資料緊急調査報告書』一九七二年）

つまり、この御島廻式という神事は、三女神が最初にこの島に鎮座するに際して、吉《よ》き宮処《みやどころ》をさがして浦々を巡ったその由緒による、というのである。これは先にみた『厳島道芝記』にも記されていることであり、そのころから今日まで変わらず伝えられてきたものであるということができる。そして、この原初の再現、原初回帰の志向性こそが御島廻式という神事を世代を通じて今日にまで支えてきている力なのであり、奉斎する神との密接なふれあいの実感をもとめ、この神社の起源へとさかのぼり、女神鎮座の原初の時点を肌身に追体験しようとする神職と崇敬者たちの深層意識がこの神事儀礼をくりかえし再現しつづけてきているとみることができる。

ここでエドマンド・リーチの時間論（「時間の象徴的表象に関する二つのエッセイ」『人類学再考』一九七四年、「言語の人類学的側面」『現代思想』一九七六年三月号）なども参考になるであろう。儀礼は時間の転換を表象するものであり、原初回帰は活力の再生を意味する。厳島の神の実在を信じる人々にとっての女神鎮座の原初、それは、こうした神事儀礼によってくりかえし再生される時空であり、そこには、儀礼によって人々の意識が時間と空間とを相対化する民俗の独特な時空認識の世界があるといえよう。

**儀礼の構成**

現行の御島廻式においても、神職の間で語られてきたその起源伝承においても、また『房顕記』や『野坂将監従五位下大宮棚守佐伯房顕記』などの記事においても、島を一巡する方式とその途中で鳥に御鳥喰をささげるということとは、すでに所与の事柄としてのべられている。しかし、なぜそのようなことをするのか、その意味について考えてみる必要がある。どうして島をまわるのか、どうして烏に供物を捧げるのか。島を廻るのは女神鎮座の原初の再現としても、なぜ烏に粢を食べさせるのか。そこで、この疑問に対する検討を行ううえで注目されるのは現行の簡略化された御島廻式だけでなく、古例にのっとった御島廻式の儀礼とその構成である。

古例にのっとった神事儀礼の執行次第については、先代の野坂元定氏からの口伝を記録した権宮司木谷昌光氏の手控や元定氏の子息で現宮司の野坂元良氏の話に詳しいが、それによると、次のとおりである。

①島を右に見ながら船で浦々を一巡する。
②浦々に上陸するに際して、必ず船唄をうたい、また茅ノ輪をくぐる。
③神烏の供饌の粢は、養父崎沖の御烏喰用だけでなく、参拝者たちの朝餉、昼餉、夕餉の饗膳と対応するように、包ヶ浦と内侍岩のそれぞれ巨岩の上に、この御烏喰いの神事のはじめと終わりに際してあげられる。
④神職をはじめ参拝者の中に喪中や経血などの穢れがあると御烏喰は上がらない。これが上がらないと御島廻式の目的は達成されない。
⑤参拝者は御島廻りの後、厳島神社の本社に参拝して報賽祭を執行し金幣と神酒とをう

けるが、これが本来の参拝の方式である。

⑥元来、厳島に参拝するものは、まずそれに先だち御島廻りをして斎戒しなければならなかった。だから御島廻りのことを今も御島廻りの禊ともいっている。

ここで注目されるのは、御島廻式とは厳島への参拝の儀礼であり、御鳥喰の神事を行なって島を一周したのちに参拝するのが正式の参拝であるとされているという点である。

**清浄な神の島**

そして、これらに関連して注意されるのは、この厳島という島は島全体が神の島であり、古くから汚穢を極度にきらう、清浄で厳粛なる斎戒の島であるという伝承である。歴史的にも鎌倉時代ころまでは平常は人の住まぬ無人の島であったろうとも推定されている（『厳島民俗資料緊急調査報告書』一九七二年）が、中世後半から近世初頭以降、人々が居住するようになっても神聖な島であるとの伝承は根強く、『芸藩通志』所収の天正十一年（一五八三）三月十三日付の「厳島中掟之事」や、『房顕記』、『陰徳太平記』、『厳島道芝記』などにも、この島が出産や死の穢れをきらう神聖な島であることが強調されている。

「厳島中掟之事」

一、御れう川　瀧川　塵芥せいしやう仕掛之事

一、浦々死人有の儀は　即時可退棄之事　（中略）
一、汚穢之事　（中略）
右条々堅定置畢　若於違犯之輩者　可令処罪過者也　仍如件
天正十一年三月十三日

『房顕記』
一、親ノ忌ノ事　向月ニソイ月ハ社参セズ、死スレバ随ツテ地へ遣ハス、ソノ船当島へヲシ渡レドモ、七日島へヲリズ、七日過グレバ、クガへヲリ用ヲ便ズル、七十五日ニナリ、当島ノ奥山マデ戻リ、九十日ニナレバ、又イマレニ入ル、九十六日ニテ我屋へ入リ、九十九日ニ百ヶ日ヲトブラウナリ、百二三日ニテ人ニ寄リ合フ、（中略）チノウノイミ事、十二日ニテ我家へ入リ、十四日出仕ス、ハラミテ七月ニナレバ、社家ハ殿上役ヲセズ、母ハ子ヲミテ、七十五日ニテ我家へ帰ル、八十一日ニテ、社家殿火ヲ合ハス、

『厳島道芝記』
産婦　此島は産穢ことにして忌まれのつよく侍れば子生まるゝまでは家に居て、生ま

るといなや舟にのせて地の方へ渡す。

そして、現在でもこの島には墓地がなく、出産・葬送の諸儀礼は古くからすべて対岸の赤崎で行われてきている。

## 領域侵犯と贈与

つまり、この厳島の神を信じた人々にとっては、この島は神聖なる神の領域と考えられたのであり、人々がそこに立ち入ることは、そうした神の領域を侵犯してしまうこととなる。参拝という行為も基本的には神の領域への侵犯行為である。したがって、参拝に先だって、あらかじめこの神の領域の範囲の確認行為が行われていることになる。この御島廻りというのはまさにそうした領域確認の行為と読み解くことができる。

そして、神の領域の外縁部の、まだ人の領域をまわりながら、神との交信を求めているのである。浦々に上陸するに際して必ず船唄がうたわれるのも、神の領域へ少しだけ立ち入るに際しての音声による一種の挨拶としての意味をもっているのであり、沈黙のもとでの不気味な侵入は許されぬとする心意がうかがえる。茅《ち》ノ輪くぐりも修祓のための所作であると同時に、領域侵犯の罪を減じようとする越境儀礼でもある。また、御島廻りの前半の包ヶ浦の巨岩に対する粢の奉奠《ほうてん》と、それに対応する後半の内侍岩への粢の奉奠というのも、この島のちょうど裏側で執行されるこの神事儀礼の世界が、表側の日常的なる時空から区切られた特別な儀礼世界であることを示すに効果的となっている。

神聖なる神の領域に入ろうとする人が、その領域侵犯を神が許容し迎え入れてくれるであろうか否か、その神意を知りたいがために、みずから調整した粢を供饌として捧げている姿がそこにある。つまり、この御島廻式というのは、先にみたように、この島の神の鎮座の時空への原初回帰の儀礼でもあると同時に、神聖なる神の島への領域侵犯に際しての贈答儀礼の一つとみることができるのである。

そして、この神事においては、鳥がその神の意志を示してくれるものと信じられているのであり、御鳥喰があがることによって神の許容が確認され正式な参拝が行われるというしくみとなっているのである。

# 御鳥喰習俗と烏

では、なぜ烏なのか。なぜ島廻りが禊祓《みそぎはらえ》となるのか。『伊都岐島皇太神御鎮座記』の前半部分では神烏《ごがらす》は熊野の八咫烏《やたがらす》の子孫であると記しているが、それは吉田家の神道伝授による記紀神話からの付会にすぎない。そして、それ以前の『厳島御本地』の五烏《ごがらす》の記事には烏の意味についての情報はない。

## 文献から民俗へ

このような場合、文献にみるその他の烏の事例、たとえば記紀の八咫烏や中国古代の文献で太陽の精とされる三足烏《さんそくからす》、また『宇治拾遺物語』で安倍晴明が見破る陰陽師《おんようじ》の使役する式神としての烏や、絵巻物『福富草紙』で呪詛《じゅそ》の場面で描かれているミサキ烏など、文献に現れてくる烏の事例を追跡することも必要であるが、むしろ民俗の情報に視野を広げ、各地に伝承されている御烏喰神事《おとぐいしんじ》や烏勧請《からすかんじょう》の事例に注目したほうがよい。

これまで御烏喰神事や烏勧請について論じたものとしては、出口米吉（「烏崇拝の遺習」『東京人類学雑誌』二五八号、一九〇七年）、柳田国男（「烏勧請の事」『東京朝日新聞』昭和九年五月、定本22所収）、大林太良（「烏勧請―東亜、東南アジアにおける穂落神話に対応する農耕儀礼」『稲作の神話』一九七三年）、橋本鉄男（「近江の烏勧請」『柴田実先生古稀記念日本文化史論叢』一九七六年）、田中真治（「岡山県の御烏喰の事例」『日本民俗学』147一九八三年）などがあるが、これらのうちとくに大林太良の論は、この御烏喰の行事は東アジアに広くみられる穂落神話に対応する農耕儀礼であり、穀物をもたらした烏にその功績に報いるために初穂を食うことを慣行として許したもので、後に収穫儀礼として固定化しさらに新年の予祝儀礼として発達したものである、と説かれている。しかし、その論ではこの眼前の厳島神社の御烏喰神事の疑問は解けない。

そこで何よりも民俗の現場における情報収集を優先させるべきであるとの考えにより、私はこの安芸の宮島における御烏喰神事の見学と調査の一方で、尾張の熱田神宮や近江の多賀大社など、同じような御烏喰神事を伝えている神社を訪れたり、神社ではなく家ごとの年中行事として行われている烏勧請の事例を東北地方を中心に訪ねてみることとした。

図８　熱田神宮の御鳥喰神事（『東海道名所図絵』巻三）

しかし、昭和四十年代後半から五十年代にかけてのその当時は、この行事はすでに多くが廃れており、ほとんど行われなくなっていた。ただ体験者の話を聞くことができるだけであった。そして、収集したデータをもとにただちに論文にまとめてみたことがある（「御鳥喰習俗論ノート」『岡山民俗創立30周年記念号』一九七九年）が、それははなはだ乱暴なレベルのものであった。現在ではすでに御鳥喰の体験者ももう数少なくなってきており、まもなく、だれも体験したことのない行事となることであろう。なお、このような状況下で、現在の時点で収集できる現場情報の確保につとめその分析を試みている嶋田忠一（「御鳥喰習俗の分布と変容（一）―（四）」『傳承拾遺』4・5・6・10　一九八四～八六年、「秋田県の御鳥喰習俗Ⅰ」『秋田県立博物館研究報告』10　一九八五年）、金田久璋（「若狭の烏勧請」『森の神々と民俗』一九九八年）の作業は、消滅していく民俗を前にしてのその追跡と分析という時代的責務をはたす貴重な作業といえよう。

表2・3は、聞取り調査によって収集した事例と、調査報告によって知られた事例とをもとに整理してみたものである。

# 表2　御鳥喰習俗の事例一覧

| 整理番号 | 伝承地 | 鳥：それを何だと考えているか | 人：組織 | 時期：月日 | 時期：何の行事の中で行なうか | 方法：供饌の種類 | 方法：呼び方 | 方法：与え方 | 方法：場所 | 目的：・何のために行なうと考えているか ・またこれを行なえばどうなると考えているか | 出典 |
|---|---|---|---|---|---|---|---|---|---|---|---|
| 青森 1 | 上北郡沢田村 | | 各家ごと | 1/7 | 正月(山入り) | 焼餅 | 奇声発す | | 屋敷の裏 | その年の吉凶予知 | 佐藤重紀「年始風俗彙報」『人類学雑誌40』 |
| 2 | 上北郡米田村 | | 〃 | 1/7・1/11 | 正月(山入り・肥持) | 炙餅 | | 投与 | 〃 | | 〃 |
| 3 | 上北郡折茂村 | 山の神 | 〃 | 1/8・1/21 | 正月 | 餅 | | | | | 〃『人類学雑誌41』 |
| 4 | 上北郡榎林村 | | 〃 | 1/7 | 〃 | 〃 | 奇声発す | 身体を拭って投与 | | 山の神への供物 | 〃『人類学雑誌43』 |
| 5 | 東津軽郡大野村細越 | 山の神の使 | 〃 | 1/11 | 〃 | 〃 | | | | 山の神への報恩 | 角田猛彦「陸奥国東津軽郡大野村大字細越年末年始の風俗」『人類学雑誌59』 |
| 6 | 三戸郡館村田面木 | | 〃 | 1/8 | 正月(初山かけ) | 〃 | 奇声発す | | | | 小井川潤次郎「正月のことども」『俚俗と民譚1の2』 |
| 7 | 八戸市付近 | | 〃 | 3/8 | 精進ゴト | ウキウキ | | 身体をこすって投与 | | | 井之口章次「正月のコト節供」『日本民俗学2の3』 |
| 8 | 三戸郡五戸地方 | | 〃 | 1/11 | 正月(ヌサカケ) | 餅 | | | | | 「ヌサカケ」『綜合日本民俗語彙』(『五戸地方方言集』より引用) |
| 9 | 黒石市安入 | | 〃 | 1/11 | 正月 | 〃 | | | | | 文化庁編『日本民俗地図II』 |
| 10 | 南津軽郡大鰐町島田 | | 〃 | 1/11 | 〃 | 〃 | | | | | 〃 |
| 11 | 青森市滝沢 | | 〃 | 1/16 | 〃 | 〃 | | | | | 〃 |
| 12 | 上北郡天間林村天間館 | | 〃 | 1/1 | 〃 | 〃 | 奇声発す | 投与 | | | 〃 |
| 13 | 上北郡下田村本村 | | 〃 | 1/11 | 〃 | 炙餅 | 〃 | 〃 | 戸外 | 山の神に餅をあげて野良仕事の無事を祈る | 〃 |
| 14 | 十和田市下切田 | 田の神の使 | 〃 | 1/6または1/12か1/20 | 〃 | 餅 | 〃 | 〃 | | 吉凶予知 | 〃 |
| 15 | 県下一帯 | 山の神の使 | 〃 | 1/11 | 〃 | 〃 | 〃 | 〃 | 家の裏 | 食べぬと凶 | 三浦貞栄治「青森県の歳時習俗」『東北の歳時習俗』 |

| | | | | | | | | | | | | |
|---|---|---|---|---|---|---|---|---|---|---|---|---|
| 青森 | 16 | 三戸郡五戸町一帯 | 山の神の使 | 〃 | 1/11 | 〃 | 焼餅 | 〃 | 〃 | 〃 | 薪をとってきてあたると蛇にかまれず中風にもならぬ | 新谷「東北地方の鳥勧請」『共立二高研究論集2』 |
| | 17 | 三戸郡五戸町上豊川 | | 〃 | 1/7 | 〃 | 〃 | 〃 | 〃 | 家の前 | 薪をとってきて火にあたると病気せず | 〃 |
| 秋田 | 1 | 男鹿市寒風山麓地方 | | 〃 | 3/9・10/9 | キギツケ | 山餅 | 呼ばない | 萱にさしておく | 家の窓や入口 | | 吉田三郎「キギツケの話」『男鹿寒風山麓農民手記』 |
| | 2 | 鹿角郡宮川村 | 山の神の使 | 各家ごと | 1/12 | 正月 | 山の神へ供えた餅 | 奇声発す | 木にかけておく | 家の近く | | 内田武志「年中行事」『民俗学2の2』 |
| | 3 | 北秋田郡扇田町笹館 | | 〃 | 1/7・1/11・1/20 | 正月 | 餅 | 〃 | 投与 | 家の裏 | 家に穢れがあれば鳥は近づかない | 今井晋・明石貞吉「米代川中流扇田町附近の土俗」『民俗学4の2』 |
| | 4 | 秋田市大平字黒沢 | | 〃 | 10/10 | キキツケ餅 | 〃 | 呼ばない | 茅にさしておく | 家の窓や入口 | 数日中についばめば吉兆 | 文化庁編『日本民俗地図Ⅰ』 |
| | 5 | 鹿角郡十和田町毛馬内 | | 〃 | 1/16 | 小正月 | 〃 | 奇声発す | 投与 | | | 〃 |
| | 6 | 県下山間部（北秋田郡大湯など） | 山の神の使 | 〃 | 1/12 | 正月(山の神祭・初山入り) | 餅その他 | 〃 | 木の枝にさげる | | 吉凶占い | 今村泰子「秋田県の歳時習俗」『東北の歳時習俗』 |
| | 7 | 大館市長走字長走 | | 〃 | 旧1/12 | 正月 | 〃 | ポーポーと奇声発す | 木にかけ鳥来投与 | | | 嶋田忠一「秋田県の御鳥喰習俗Ⅰ」『秋田県立博物館研究報告』10 |
| | 8 | 大館市真中上宅地 | | 〃 | 旧1/17・1/20 厄年人2/1も | 〃 | 餅 | 〃 | 〃 | | 山の神への供物ポッポカラを掛けた木は枯れるという | 〃 |
| | 9 | 大館市前田 | | 〃 | 旧1/11 | 〃 | 餅その他 | 〃 | 〃 | | 山の神供物若木を炉に煙を足にかける夏蛇にかまれぬ | 〃 |
| | 10 | 大館市下袋 | | 〃 | 旧1/17 | 〃 | 〃 | 〃 | 〃 | | 山の神供物若木を炉にくべ煙を足にかけると若くなる | 〃 |
| | 11 | 大館市水上 | | 〃 | 旧1/12 | 〃 | 〃 | 〃 | 〃 | | 山の神供物若木を炉に煙を足にかける夏蛇にかまれぬ | 〃 |
| | 12 | 大館市釈迦内 | | 〃 | 旧1/12・1/20 | 〃 | 〃 | 〃 | 〃 | | 食べると作柄が良い 食べぬと変事あり | 〃 |
| | 13 | 大館市櫃崎 | | 〃 | 旧1/7・1/15 厄年人2/1も | 〃 | 〃 | 〃 | 〃 | | ポッポカラを掛けた木は枯れるという | 〃 |
| | 14 | 北秋田郡田代町岩瀬字田ノ沢 | 山の神の使 | 〃 | 旧1/17 | 〃 | 〃 | 〃 | 〃 | | | 〃 |
| | 15 | 山本郡二ツ井町田代 | | 〃 | 旧1/8・1/23・2/2 | 正月 初山入り | 〃 | 呼ばない | 庭木にかけておく | 庭 | その庭木の枝を炉で燃やし足をあぶると蝮にかまれぬ | 〃 |
| | 16 | 鹿角市八幡平小豆沢 | 山の神の使 | 〃 | 旧1/7・1/20 | 〃 | 〃 | ポーポーと奇声発す | 木にかけ鳥来投与 | 戸外で | 山の安全を祈る 枝を炉にくべあたると蛇にかまれぬ | 嶋田忠一「御鳥喰習俗の分布と変容（二）」『伝承拾遺』5 |

| | | | | | | | | | | | |
|---|---|---|---|---|---|---|---|---|---|---|---|
| 秋田17 | 山本郡二ツ井町荷上場 | | 各家ごと | 旧10/10 | 精進ゴト | 餅 | 呼ばない | 笹等さし軒下に挿 | 家の軒下 | 鳥に喰わせて魔除けとする | 嶋田忠一「秋田県の御鳥喰習俗I」『秋田県立博物館研究報告』10 |
| 18 | 南秋田郡若美町 | | 〃 | 旧3/8・10/9 | キキツケ餅 | ご飯の団子(だまこ餅) | 〃 | 萱にさし窓や戸口に | 窓や戸口 | 鳥が食べれば願いがききつけられる | 〃 |
| 19 | 南秋田郡若美町鵜木 | | 〃 | 旧3/8・10/9 | キキヅケ | 飯で作った餅 | 〃 | 萱の棒にさし軒下に | 家の軒下 | 鳥が食べればよい | 〃 |
| 20 | 男鹿市三ツ森上台 | | 〃 | 旧5月 | キギツケ | 団子 | 〃 | 萱の棒にさす | 家の窓等 | | 〃 |
| 21 | 男鹿市三ツ森下台 | | 〃 | 旧10/10 | キキツケ | カラス餅(飯の餅) | 〃 | 萱の棒にさす | 〃 | | 〃 |
| 22 | 南秋田郡昭和町前田中丸 | | 〃 | 旧10月末 | | 餅 | 〃 | 萱の棒につける | 家の屋根 | 鳥が食べれば縁起がよい厄払い | 〃 |
| 23 | 南秋田郡五城目町下山内 | | 〃 | 旧3/3・10/3 | キキツケ | 〃 | 〃 | 笹と萱の箸にさす | 家屋 | 悪事災難除け 鳥が食べないと何か不都合あると心配 | 〃 |
| 24 | 秋田市太平中山谷 | | 〃 | 旧10/10 | 大根の年取り | カラス餅 | 〃 | 萱の棒にさし窓両側 | 〃 | | 〃 |
| 25 | 秋田市上新城 | | 〃 | 10/1〜/10 4/1〜/10 | キキヅケ | 山餅 | 〃 | 萱にさし笹と屋根に | 〃 | 食べぬと悪い事がある | 〃 |
| 岩手1 | 二戸郡荒屋新町 | 山の神の使 | 〃 | 2/3〜・1/20〜 | | 焼餅 | 奇声発す | 投与 | | 鳥が多いほど吉兆 | 仙台鉄道局「ポウポウ」『東北の民俗』 |
| 2 | 遠野市一帯 | | (子供たち) | 1/15 | 正月 | 餅 | カラス云々と言葉で | | 村のあちこち | | 佐々木繁「陸中遠野郷にての冬期に於ける年中行事の一例」『人類学雑誌29の1』 |
| 3 | 二戸郡福岡町上斗米 | | 各家ごと | 1/8 | 正月(山の仕事始め) | 〃 | 奇声発す | | | この時枯れ枝をたいて厄払いする | 文化庁編『日本民俗地図II』 |
| 4 | 九戸郡九戸村江刺家 | | 〃 | 〃 | 正月 | 〃 | 〃 | | | この時枯れ枝をたいて厄払いする | 〃 |
| 5 | 九戸郡大野村大野 | | 〃 | 1/16 | 〃 | 〃 | 〃 | | 麦畑 | 鳥害除け | 〃 |
| 6 | 遠野市土淵町 | | 〃 | 1/15 | 〃 | 小豆餅 | 〃 | まいておく | 庭 | | 鈴木京子「年越しの行事」『東北民俗資料集6』 |
| 7 | 岩手郡西根町大更 | | 〃 | 1/16 | 〃 | 丸餅 | 〃 | まいてやる | 近くの山 | | 新谷「東北地方の鳥勧請」『共立二高研究論集2』 |
| 8 | 岩手郡西根町夕顔田 | | 〃 | 1/16 | 〃 | 〃 | 〃 | 投与 | 家の前 | | 〃 |
| 山形1 | 東村山郡一帯 | | 〃 | 2/8 | コト八日 | 団子 | 呼ばない | みず木の枝にさす | 家の戸口 | 吉凶予知・厄神除け | 井之口章次「正月のコト節供」前掲・ガラスダンゴ『綜合日本民俗語彙』 |

| | | | | | | | | | | | |
|---|---|---|---|---|---|---|---|---|---|---|---|
| 山形 2 | 西置賜郡白鷹町荒砥 | | 各家ごと | 2/8・12/8 | コト八日 | ボタモチ | カラス云々と言葉で | | 裏の畑 | | 文化庁編『日本民俗地図Ⅰ・Ⅱ』 |
| 3 | 東村山郡中山町 | | 〃 | 2/8 | 〃 | 小豆団子 | 呼ばない | 木にさしておく | 門口 | 厄払い | 月光善弘「山形県の歳時習俗」『東北の歳時習俗』 |
| 4 | 西置賜郡白鷹町横田尻 | | 〃 | 12/8 | 〃 | ボタモチ | | | | | 文化庁編『日本民俗地図Ⅰ・Ⅱ』 |
| 宮城 1 | 加美郡宮崎村熊野神社 | | 神社 | 1/5 | 御鳥喰神事 | 餅 | 太鼓ホラ貝 | 台の上におく | 神殿屋上 | 作占い | 福田 学「御鳥喰神事」『民間伝承17の5』 |
| 2 | 桃生郡鳴瀬町宮戸島 | | 各家ごと | 2/8・12/8 | コト八日 | 団子 | カラス云々と言葉で | 桃の木にさしておく | 門外 | | 「ツキトメダンゴ」『綜合日本民俗語彙』（『民族2の4』より引用） |
| 3 | 牡鹿郡大原村 | | 〃 | 12/8 | 〃 | 〃 | 呼ばない | 串にさしておく | 浜辺 | この日神様が京にのぼるという | 文化庁編『日本民俗地図Ⅱ』 |
| 4 | 牡鹿郡牡鹿町鮫ノ浦 | | 〃 | 12/8 | 〃 | 〃 | 〃 | 茅にさしておく | 野原 | 新しい神を迎えるためいったん古い神を送るものという | 〃 |
| 5 | 宮城郡七ヶ浜町湊浜 | | 〃 | 12/8 | 〃 | 〃 | カロウ云々と言葉で | 投与 | | | 〃 |
| 6 | 本吉郡志津川町折立 | | 各家ごと | 2/8・12/8 | コト八日 | 団子 | カロウ云々と言葉で | 木の枝にさしておく | 田 | 厄神除け | 三崎一夫「宮城県の歳時習俗」『東北の歳時習俗』 |
| 福島 1 | いわき市一帯 | | 〃 | 1/6・1/11 | 正月（山入り・農立て） | 餅・米 | カラス・オミサキ連呼 | 置く | 山・田 | 吉凶占い・作占い | 『いわき市史 民俗編』・『いわき鹿島地方の民俗』 |
| 2 | 磐城石城地方 | | 〃 | 1/11 | 正月（農立て） | 〃 | オミサキ連呼 | 〃 | 畠や苗代田 | 作占い | 高木誠一「磐城石城郡の農事習俗」『民族1の4』 |
| 3 | いわき市小浜町 | | 〃 | 〃 | 正月（山入り） | 餅 | 〃 | | | 〃 | 文化庁編『日本民俗地図Ⅱ』 |
| 4 | いわき市四倉町戸田 | | 〃 | 〃 | 正月（鍬入り） | 餅・米 | カラス連呼 | 置く | 田 | 〃 | 〃 |
| 5 | 双葉郡川内村上川内 | | 〃 | 〃 | 〃 | 〃 | | 〃 | 〃 | 〃 | 〃 |
| 6 | 相馬郡鹿島町川子 | | 〃 | 〃 | 〃 | 〃 | カラス連呼 | 〃 | 〃 | 〃 | 〃 |
| 茨城 1 | 鹿島・行方郡一帯 | | 〃 | 1/4 | 〃 | 餅 | 〃 | 〃 | 〃 | 鳥が来ないと不祥 | 大川香蘋「鍬入及鳥追」『風俗画報38』 |
| 2 | 常陸高岡村一帯 | | 〃 | 1/5・1/11 | 正月（山入り・鍬入れ） | 餅 | オミサキ連呼 | 〃 | 山・田 | 鍬入れでは作占い・これをしておかないと怪我をするともいう | 大間知篤三『常陸高岡村民俗誌』 |
| 3 | 稲敷郡君原村 | | 〃 | | 正月（鍬入れ） | 米・豆 | | 〃 | 田 | 作占い | 小松沢三樹三郎「稲敷郡の年中行事」『民間伝承16の6』 |

| | | | | | | | | | | | |
|---|---|---|---|---|---|---|---|---|---|---|---|
| 茨城 4 | 筑波地方 | | 各家ごと | 1/11または1/3か1/4 | 正月(鍬入れ) | 餅・米 | ホーイホイカラスくく | 撒く・置く | 田畑 | 作占いのところもある | 荒川潤「筑波地方の稲作に関する習俗」『民間伝承14の6』 |
| 5 | 那珂郡大宮町東富 | | 〃 | 1/6・1/11 | 正月(山入り・鍬入れ) | 餅・米など | | | | | 藤田稔「神事と餅」『民間伝承15の5』 |
| 6 | 北茨城市大津町 | | 〃 | 1/6 | 正月(山入り) | あられ | オミサキトントン | | | | 文化庁編『日本民俗地図II』 |
| 7 | 多賀郡十王町 | | 〃 | 1/6・1/11 | 正月(山入り・鍬入れ) | 米・餅など | カラス連呼 | | | | 〃 |
| 8 | 日立市入四間町宿 | | 〃 | 1/11 | 正月(鍬入れ) | 餅 | 〃 | 置く | 田畑 | | 〃 |
| 9 | 那珂郡緒川村小舟 | | 〃 | 1/6・1/11 | 正月(山入り・鍬入れ) | 餅・米など | 〃 | 〃 | 山・田 | 鍬入れでは作占い | 〃 |
| 10 | 那珂湊市和田町 | | 〃 | 1/6 | 正月(山入り) | 餅など | 〃 | 〃 | 山 | | 〃 |
| 11 | 東茨城郡茨城町石崎 | | 〃 | 1/6・1/11 | 正月(山入り・鍬入れ) | 餅・米など | 〃 | 〃 | 山・田 | 鍬入れでは作占い | 〃 |
| 12 | 那珂郡那珂町北酒出 | | 〃 | 1/11 | 正月(鍬入れ) | 〃 | 〃 | 〃 | 田 | | 〃 |
| 13 | 新治郡八郷町下青柳 | | 〃 | 〃 | 〃 | 〃 | 〃 | 〃 | 〃 | 作占い | 〃 |
| 14 | 西茨城郡岩瀬町門毛・今泉・中友部・本郷 | | 〃 | 1/6・1/11 | 正月(山入り・鍬入れ) | 〃 | 〃 | 〃 | 山・田畑 | 鍬入れでは作占い | 更科公護「10・年中行事」『岩瀬町の民俗』 |
| 15 | 県下一帯(高萩市・北茨城市など) | | 〃 | 〃 | 〃 | 〃 | カラス連呼オミサキ〃 | 〃 | 〃 | 〃 | 平野伸生「茨城県の歳時習俗」『関東の歳時習俗』 |
| 16 | 新治郡千代田村 | | 〃 | 2/8 | コト八日 | 餅 | カラス呼ばり | 木にかける | 山 | 山の神へ供えて山仕事の安全を祈願 | 〃 |
| 17 | 新治郡上大津村神立 | | 〃 | 2/8 | コト八日 | 餅 | カラス云々と言葉で | 投与 | 畑 | 当日は大黒様がかせぎに出る日 | 中川さだ子「茨城県新治郡上大津村神立地方の年中行事」『民俗学3の3』 |
| 18 | 西茨城郡岩瀬町富岡 | | 〃 | 1/11 | 正月(鍬入れ) | 餅・米など | カラス連呼 | 置く | 田畑 | 作占い | 大林太良(中林伸浩報告)「鳥勧請」『稲作の神話』 |
| 19 | 石岡市守木町・見地町上組 | | 〃 | 1/11? | 正月? | 餅 | 〃 | 〃 | 〃 | | 〃 (河野本道報告) 〃 |
| 栃木 1 | 芳賀郡中村 | | 〃 | 1/11 | 正月(鍬入れ) | 餅・米・魚 | カラス連呼 | 置く | 田畑 | 作占い | 「農家の祝い」『風俗画報234』 |
| 2 | 河内郡古里村 | | 〃 | 〃 | 〃 | 米 | 〃 | 〃 | 〃 | 〃 | 玉生恵三「諸国新年習俗の比較・下野河内郡古里村」『民族2の2』 |

| | | | | | | | | | | | |
|---|---|---|---|---|---|---|---|---|---|---|---|
| 栃木 3 | 河内郡本郷村鷺崎 芳賀郡益子町上大羽 | | 各家ごと | 1/11 | 正月(鍬入れ) | 餅・米など | 〃 | 〃 | 〃 | 〃 | 榎戸貞治郎「鍬入り」『民間伝承3の6』 |
| 4 | 芳賀郡一帯 | | 〃 | 1/6・1/11 | 正月(山入り・鍬入り) | 〃 | カラス云々と言葉で | 〃 | 山・田 | | 日向野徳久「栃木県」『日本祭礼風土記3』 |
| 5 | 栃木市大平山神社 熊野神社 | | 神社 | 1/14 | 粥懸祭 | 粥 | | 竿の上におく | | | 〃 |
| 6 | 芳賀郡一帯 | | 各家ごと | 1/6・1/11 | 正月(山入り・鍬入り) | 餅・米など | カラス連呼 | 置く | 山・田 | 鍬入りでは作占い | 榎戸貞治郎「栃木県芳賀郡の年中行事」『族と伝説9の6』 |
| 7 | 河内郡南河内村薬師寺 | | 〃 | 1/11 | 正月(鍬入り) | | | | | | 文化庁編『日本民俗地図II』 |
| 8 | 鹿沼市樅山町 | | 〃 | 〃 | 〃 | | カラス連呼 | 置く | 田畑 | | 〃 |
| 9 | 真岡市飯貝 | | 〃 | 1/6・1/11 | 正月(山入り・鍬入り) | 餅など | 〃 | 〃 | 山・田 | | 〃 |
| 10 | 芳賀郡茂木町牧野 | | 〃 | 1/11 | 正月(鍬入り) | 餅・米 | 〃 | 〃 | 田畑 | | 〃 |
| 11 | 下都賀郡壬生町 | | 〃 | 〃 | 〃 | | | | | | 〃 |
| 12 | 小山市中島 | | 〃 | 〃 | 〃 | 餅・米など | カラス連呼 | 置く | 畑 | | 〃 |
| 13 | 那須郡小川町浄法寺 | | 〃 | 〃 | 〃 | | 〃 | | 〃 | | 〃 |
| 14 | 真岡市根本 | | 〃 | 〃 | 〃 | 餅・米・魚 | 〃 | 置く | 田 | 作占い | 大林太良(中村伸浩報告)「鳥勧請」『稲作の神話』 |
| 15 | 河内郡上三川町東館 | | 〃 | 〃 | 〃 | 餅・米 | 〃 | 〃 | 〃 | 〃 | 〃 |
| 16 | 県下全般 | | 〃 | 1/6他・1/11 | 正月(山入り・鍬入り) | 〃 | 〃 | 〃 | 山・田畑 | 鍬入りでは作占い | 日向野徳久「栃木県の歳時習俗」『関東の歳時習俗』 |
| 千葉 1 | 香取郡神崎町松崎 | | 〃 | 1/11 | 正月(鍬入れ) | | | | | | 大林太良(小西正捷報告)「鳥勧請」『稲作の神話』 |
| 2 | 勝浦市市野郷 | | 〃 | 1/2 | 〃 | 餅 | | | 田畑 | 作占い | 〃〃(ペトロ・クネヒト・西沢輝夫報告)〃 |
| 神奈川 1 | 足柄上郡山北町 | | 〃 | 1/4 | 正月(初山) | 餅 | | 置く | 山 | 早く食べるほどよい | 武田久吉「鳥よばり」『農村の年中行事』(北村公佐『民族文化2の2』より引用) |
| 2 | 足柄上郡南足柄村苅野 | | 〃 | 〃 | 〃 | 〃 | | 〃 | 畑 | 作占い | 〃 |

| | | | | | | | | | | | |
|---|---|---|---|---|---|---|---|---|---|---|---|
| 神奈川 3 | 足柄下郡豊川村桑原 | | 各家ごと | | 正月（仕事始め） | 餅 | | 置く | 田 | 作占い | 武田久吉「鳥よばり」『農村の年中行事』（北村公佐『民族文化2の2』より引用） |
| 4 | 足柄下郡片浦江ノ浦 | | 小祠 | 1/17・10/17 | 山の神祭 | 〃 | | 〃 | | 山の神様のお手がつくと喜ぶ　つかぬと穢れあり | 〃 |
| 5 | 足柄下郡湯河原町鍛冶屋 | | 〃 | 1/16 | 山の神講 | | | 〃 | 神前 | | 文化庁編『日本民俗地図Ⅱ』 |
| 6 | 足柄上郡南足柄町向田 | | 各家ごと | 1/11 | 正月 | 団子 | | 〃 | 田 | 作占い | 大林太良「鳥勧請」『稲作の神話』（川口論文一九六二より引用） |
| 7 | 足柄上郡南足柄町関本 | | 〃 | 2/ | 初午 | | | | | | 〃 |
| 山梨 1 | 都留市上大幡 | | 〃 | 1/11 | 正月（鍬入れ） | 米 | | | 畑 | 作占い | 文化庁編『日本民俗地図Ⅱ』 |
| 静岡 1 | 熱海市初島 | | 小祠 | 1/・5/・9/ | 山の神祭 | 玄米の餅 | | 置く | 神前 | 食わなければ祭を行なうことができない | 玉置繁雄「伊豆初島の遺跡及び土俗」『人類学雑誌221』 |
| 2 | 浜名郡積志村 | | 各家ごと | 1/11 | 正月（打初） | 籾 | | 〃 | 苗代田 | 作占い | 中道朔爾『農體歳時記』『遠江積志村民俗誌』 |
| 愛知 1 | 名古屋市熱田神宮摂社 御田神社 | | 神社 | 3/17・11/23 | 春祭・秋祭 | 粢 | ホウと唱える | 投げ上げる | 神殿屋上 | 食わなければ穢れありとして神事を行なうことができない | 昭49筆者調査『東海道名所図会巻三』他 |
| 2 | 丹羽郡二宮村大縣神社 | | 〃 | 2/8 | 天王祭 | | | 置く | 社前 | | 中山太郎『日本民俗学辞典』（『尾張志』より引用） |
| 3 | 津島市津島神社 | | 〃 | 1/26 | 御饗祭 | 米 | | まき散らす | 神殿屋上 | | 西角井正慶「烏呼び」『年中行事辞典』 |
| 新潟 1 | 栃尾市・古志郡・小千谷市の山村一帯 | | 各家ごと | 1/16 | 正月 | 飯 | カッカラなどと言葉で | | | 食えばその年よいことがあり食わねば悪いことがある | 水沢謙一「山の民俗」『日本民俗学91』 |
| 2 | 刈羽郡西山町 | | 〃 | | 〃 | 餅 | カラス云々と言葉で | 投与 | | | 〃 |
| 3 | 柏崎市周辺 | | 〃 | 1/3 | 〃 | 〃 | 〃 | | | | 〃 |
| 4 | 長岡市深沢 | | 〃 | | 〃 | 〃 | 〃 | | | | 〃 |
| 5 | 中蒲原郡村松地方 | | 〃 | 3/3 | 三月節供 | 草餅 | 〃 | 投与 | | | 〃 |
| 6 | 南魚沼郡浦佐村鰕島 | | 〃 | 1/16 | 正月 | 昼のごちそう | カーラ来い連呼 | 置く | 雪ン堂の上 | 早く食べる方がよい | 武田久吉「鳥よばり」『農村の年中行事』 |
| 7 | 南魚沼郡六日町欠ノ上 | | 〃 | 〃 | 正月（仏の日） | 仏様へのごちそう | 〃 | 〃 | 雪の櫓の上 | 〃 | 〃 |

| | | | | | | | | | | | |
|---|---|---|---|---|---|---|---|---|---|---|---|
| 新潟8 | 南魚沼郡大巻村大杉 | | 各家ごと | 1/16 | 正月(仏の日) | 仏様へのごちそう | | 置く | 雪の櫓の上 | 早く食べる方がよい | 武田久吉「鳥よばり」『農村の年中行事』 |
| 9 | 南魚沼郡大巻村寺尾 | | 〃 | 〃 | 〃 | 〃 | | 〃 | 雪ン堂の上 | 〃 | 〃 |
| 10 | 栃尾市吹谷 | | 〃 | 〃 | 〃 | 飯など | | 〃 | 庭 | | 佐久間淳一「新潟県の歳時習俗」『北中部の歳時習俗』 |
| 11 | 西蒲原郡 | | | | 葬送儀礼 | 野団子 | カーラ来う連呼 | 投与 | 火葬場 | | 「カラスマツリ」『綜合日本民俗語彙』 |
| 福井1 | 三方郡三方町神子浜宮 | | 小祠 | 1/1 | 元旦神事 | 丸餅その他 | カラスを連呼 | 置く | 小祠屋上 | 五穀豊穣と大漁祈願　食べぬと穢あり | 朝比奈威夫「若狭常神半島の正月行事―烏勧請・歩射・綱引き・狐狩り・戸祝いその他―」『えちぜんわかさ4』 |
| 2 | 大飯郡高浜町鎌倉 | 氏神の使い | 神社・小祠 | 1/7・3・5・9月の節句 | 正月とその他の節句 | 牛の舌餅 | 烏にやろかいなと言 | 木にかけておく | 社の神木 | 食べると神様のごきげんがよい | 金田久璋『森の神々と民俗』 |
| 3 | 大飯郡高浜町下 | 氏神の使い | 神社 | 10/17 | 宮祭 | ゴクウサン | 呼ばない | 石の上におく | 社前 | 食べぬと精進のしかたが悪いといってやりなおす | 〃 |
| 4 | 大飯郡高浜町上瀬 | | 〃 | 1/3・9/9・11/9 | 宮祭と山の口祭 | 餅 | 〃 | 岩の上におく | 浜と宮の崎の共岩 | 食べぬと当人の家に不浄ゲンが悪い | 〃 |
| 滋賀1 | 犬上郡多賀町多賀神社 | | 神社 | 4/16その他 | 諸神事 | モッソ飯 | | 置く | 先食台 | 食べぬと穢ありとして神事ができない | 昭49筆者調査・西角井正慶「烏呼び」『年中行事辞典』 |
| 2 | 愛知郡愛東町上岸本春日神社 | | 〃 | 3/17 | 烏喰神事 | | | 〃 | 社殿屋上 | | 橋本鉄男「近江の烏勧請」『柴田實先生古稀記念日本文化史論叢』 |
| 3 | 神崎郡御園村 | | 〃 | 1/4 | 洗食上げ | | | 〃 | 神社近く | | 〃 |
| 4 | 犬上郡旧芹谷村河内 | 八幡様の使 | 〃 | 11/1 | 霜月祭 | 小豆・大豆入れた玄米飯 | 拍手 | 〃 | 境内 | 食べぬと穢ありとして炊きなおす | 〃 |
| 和歌山1 | 伊都郡高野町高野山奥院 | | 寺院 | | | | | | | 食べぬと凶事あり | 松浦静山『甲子夜話』 |
| 奈良1 | 奈良市一帯 | 熊野権現の使 | 各家ごと | | 正月(餅つき) | 餅 | カラコイ云々と言葉で | 吊す置く | 田畑 | 食べると吉、食べぬと凶兆 | 林　宏「カラスノモチ」『奈良市史　民俗編』 |
| 2 | 宇陀郡室生村 | | 〃 | | 正月 | 〃 | 〃 | 吊す・置く・撒く | 野・屋上 | | 松本俊吉「カラスの餅」『室生の民俗』 |
| 3 | 宇陀郡菟田野町菟 | | 〃 | | 〃 | 〃 | 〃 | 撒く | | | 〃『大和菟田野の民俗』 |
| 4 | 県南部多武峯～旧竜門村 | | 〃 | 1/2 | 正月(初山) | 〃 | | | | | 保仙純剛『大和の民俗』 |
| 5 | 磯城郡大三輪町穴師 | | 〃 | | 正月(大寒の餅つき) | 〃 | カラゴン云々と言葉で | 投与・置く | 田 | | 西角井正慶「鳥の餅遣り」『年中行事辞典』 |

| | | | | | | | | | | | |
|---|---|---|---|---|---|---|---|---|---|---|---|
| 奈良 6 | 県南部 | | 神社 | 12/26 | 祭礼 | | | 置く・掛ける・投与 | | | 「カラスヨビ」『綜合日本民俗語彙』 |
| 香川 1 | 三豊郡詫間町船越船越八幡 | | 〃 | 10/13 | 祭礼 | 餅 | | 置く | 山腹に棚 | 食べぬと当屋に不浄ありといって忌む | 市原輝士「船越八幡のおとぐい神事」『日本祭礼風土記』 |
| 徳島 1 | 三好郡東祖谷山村菅生 | | 各家ごと | 1/2 | 正月（山の口あけ・鍬ぞめ） | 〃 | | 木に吊す | 山 | | 文化庁編『日本民俗地図Ⅱ』 |
| 愛媛 1 | 越智郡大三島 | | 〃 | 2/ | 初午 | 小豆飯 | | 投げあげる | 屋根の上 | | 「カラスノハシ」『綜合日本民俗語彙』（『島2』より引用） |
| 2 | 越智郡大島 | | 〃 | 2/8 | コト八日 | モグリ飯 | | 〃 | 〃 | 食べればその家は幸である | 西角井正慶「命乞」『年中行事辞典』 |
| 3 | 越智郡伯方町伊方 | | 〃 | 2/8 | 初午・コト | 飯 | | 〃 | 〃 | | 県教委『越智郡島嶼部地区民俗資料調査報告書』 |
| 岡山 1 | 岡山市今谷深谷神社 | | 神社 | 10/8 | 頭屋祭 | | | 〃 | 〃 | | 三浦秀宥「岡山県祭礼暦」『日本祭礼風土記』 |
| 2 | 真庭郡久世町余野下大津神社 | | 〃 | 11/8 | 頭屋わたし | 餅 | 太鼓 | 置く | 社殿裏 | | 〃「ミサキ信仰」『美作の民俗』 |
| 3 | 美作地方北部 | | 各家ごと | 2/8 | コト八日 | | | 木に吊す | 家の近く | 食べるとよい | 酒井卯作『稲の祭』（『日本民俗学2の3』より引用） |
| 4 | 川上郡備中町平川字安田 | | 〃 | 6/ | 田植・サンパイ祭 | 飯など | からすターと言葉で | 置く | 田 | | 文化庁編『日本民俗地図Ⅰ』 |
| 5 | 玉野市碁石 | 神の使 | 神社 | 1/2 | 正月 | 握飯 | 平伏して待つ | 〃 | カラス岩の上 | その人のあげた供物を烏が食べた人が正当屋となる | 田中真治「岡山県の御烏喰の事例」『日本民俗学147』 |
| 広島 1 | 佐伯郡宮島町厳島神社 | | 〃 | 3/1〜11/30の間に | 御島廻式 | 粢 | 笛 | 〃 | 海上 | 厄災除祈願 穢あると食べない | 昭49筆者調査・「厳島神社御島廻式と御烏喰の民俗」『古代研究7』・『芸藩通志巻十四・巻十七』 |
| 2 | 佐伯郡大野村大頭神社 | | 〃 | 2/1・9/28 | 烏喰祭 | 飯 | | 〃 | 境内 | | 昭49筆者調査・『芸藩通志巻五十三』 |
| 3 | 高宮郡中峰村友広八幡社 | | 〃 | | | | | 置く | 境内 | | 『芸藩通志巻72』 |
| 4 | 山県郡千代田町壬生 | | | | 葬送儀礼 | 粢団子 | | 木に吊す | 火葬場 | 食べるとよいが食べぬと縁起が悪い | 涌永敏子「烏のことなど」『民間伝承16の11』 |
| 鳥取 1 | 西伯郡大山町大神山神社 | | 神社 | | | | | | | | 西角井正慶「烏呼び」『年中行事辞典』・『和訓栞』 |
| 2 | 西伯郡富益村 | | 各家ごと | 3/ | コト | 飯 | | 木に吊す | 庭 | 烏にことを負ってもらう | 「カラスノット」『綜合日本民俗語彙』 |
| 山口 1 | 玖珂郡柱野村杉森大明神 | | 神社 | 9/13 | 御烏喰神事 | 餅など | | 置く | 社前 | 穢あると食べない | 柳田国男「烏勧請のこと」（『定本柳田国男集22』）（『防長史学2の1』より引用） |

| | | | | | | | | | | | |
|---|---|---|---|---|---|---|---|---|---|---|---|
| 山口 2 | 大島郡屋代村志度石神社 | | 神社 | 1/11 | 御鳥喰 | | ホラ貝 | 置く | | 祭執行の別当を決める | 宮本常一「年占い」『民間暦』 |
| 3 | 玖珂郡美和町速田神社 | | 〃 | 1/1 | | | | | | 食べれば吉兆 | 松岡利夫「山口県」『日本祭礼風土記』 |
| 4 | 大島郡大島町妙見宮 | | 〃 | 1/14 | | | | | | 〃 | 〃 |
| 5 | 吉敷郡秋穂町山神社 | | 〃 | | 小鴉の神事 | 団子 | | | | 五穀豊熟祈願 | 〃「山の神信仰―山口県の場合―」『伊勢民俗3の3』 |
| 長崎 1 | 壱岐島 | 神の使 | 〃 | | 芋の収穫の折に | 芋 | | 置く | | 鳥の害を除く | 山口麻太郎「動物に関する壱岐の俗信」『郷土研究7の5』 |
| 2 | 南松浦郡樺島 | | 各家ごと | 1/2 | 正月（打ち始め） | | カラス連呼 | 〃 | 畑 | 食べるとよい・占い的な面もある | 竹田 亘「長崎県南松浦郡樺島」『離島生活の研究』 |
| 3 | 平戸市安満岳 | | 〃 | | | | | 〃 | | 穢あれば食べない | 松浦静山『甲子夜話』 |
| 熊本 1 | 上益城郡緑川村 | | 神社 | 2/15 | 鳥まつり | 団子 | | 椿の木にさして | 麦畑 | | 丸山 学「鳥まつり」『熊本県民俗辞典』 |
| 宮崎 1 | 日向国一帯 | | | 2/ | 神楽祭 | 小豆飯・粢 | | | | 食べぬと穢あり | 百井塘雨『笈埃随筆 巻六』 |
| 2 | 南日向海岸一帯 | | 小祠 | 11/ | 霜月祭 | 赤飯・粢 | 拍手 | 置く | 田など | | 小野重朗「民俗変遷の仮説」『農耕儀礼の研究』 |
| 3 | 宮崎郡清武町船引 | 家のオミサキ | 〃 | 〃 | ガンマツリ（神祭） | 〃 | 〃 | 〃 | 〃 | | 小野重朗「宮崎郡清武町船引のミサキマツリ」『農耕儀礼の研究』 |
| 4 | 西臼杵郡五ヶ瀬町鞍岡 | オミサキ | 〃 | 2/15 | 麦の収穫期 | 丸餅 | | 木にさして | 麦畑 | | （小松理子氏報告・昭50採訪） |
| 鹿児島 1 | 大島郡十島村中之島 | | 各家ごと | | 収穫期 | 粟・里芋カラ芋 | | | 山 | 鳥害除け | 大林太良「鳥勧請」『稲作の神話』 |
| 2 | 出水郡長島町小浜 | | | | 正月・厄払 | 餅 | | かけておく | 屋敷の外 | 厄払い | 村田 熙「厄払い・年祝い」『鹿児島県文化財調査報告書第12集』 |
| 3 | 大島郡三島村黒島 | | 各家ごと | 1/20 | 二十日正月 | 団子 | | まく | 庭 | 鳥害除け | 村田 熙「鹿児島県大島県三島村黒島」『離島生活の研究』 |
| 4 | 加世田市山田 | | | 10/亥の日 | | 餅 | | 置く | 苗代田 | 食べると田の神がうけとられたという | 郷田洋文「年中行事の地域性と社会性」『日本民俗学大系7』（『鹿児島民俗5』より引用） |
| 5 | 加世田市武田・内布 | | 各家ごと | 〃 | | 〃 | | 〃 | 〃 | | 小野重朗「加世田市武田・内布のモモドン」『農耕儀礼の研究』 |
| 6 | 出水郡東長島町獅子島御所浦 | | 〃 | 11/申の日 | 山祭 | 粢 | | 木に吊す | 家の近く | | 小野重朗「長島・天草島・甑島の山の神とその祭り」『民俗研究1』 |
| 7 | 肝属郡根占町山本 | | 〃 | | 田植終了の時田の神祭 | 粢・飯 | | 置く | 田の水口 | 食べると田の神がうけとられたという | 小野重朗「大隅半島中部の民俗」『大隅半島の民俗』 |

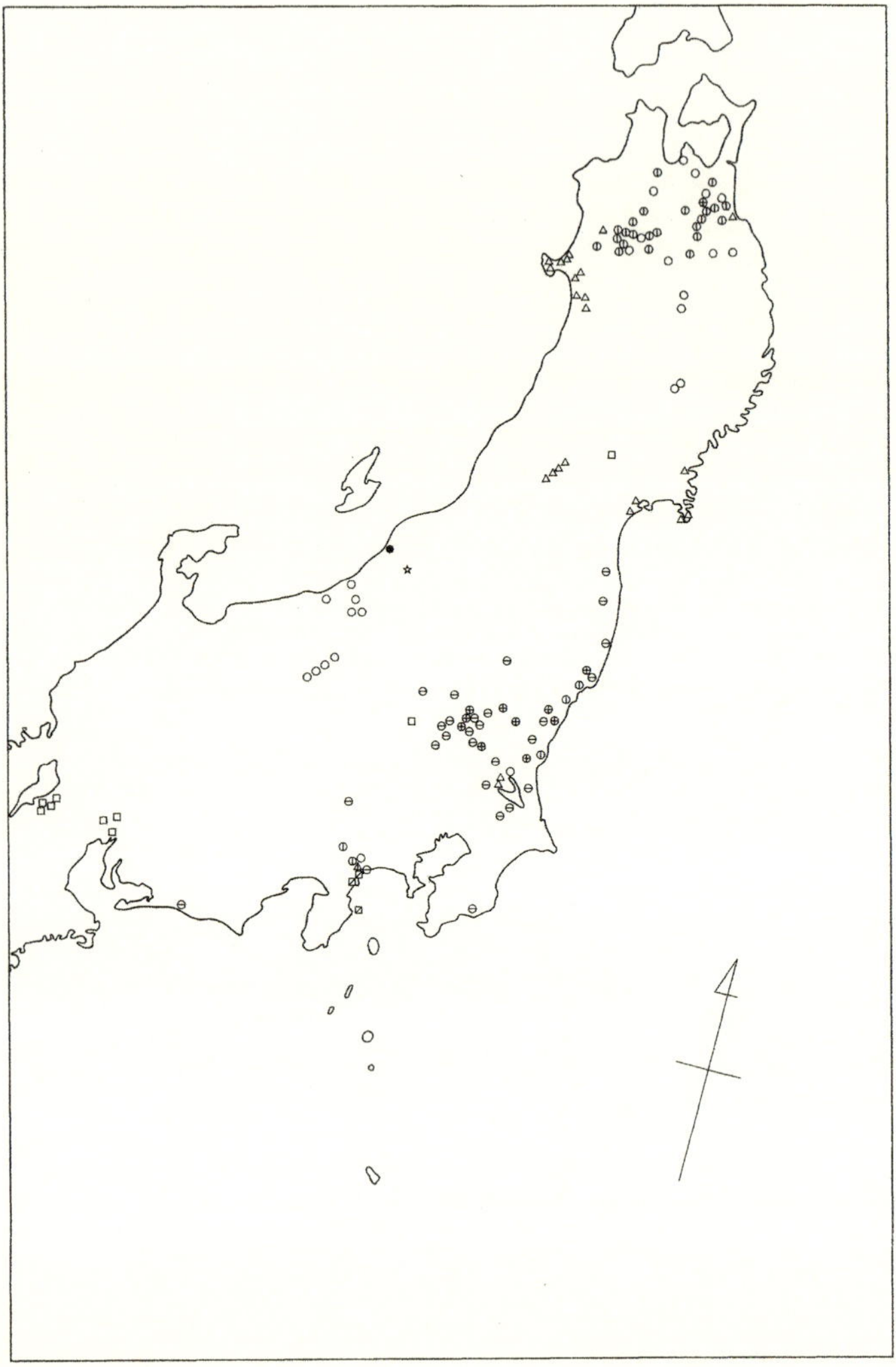

習俗分布図

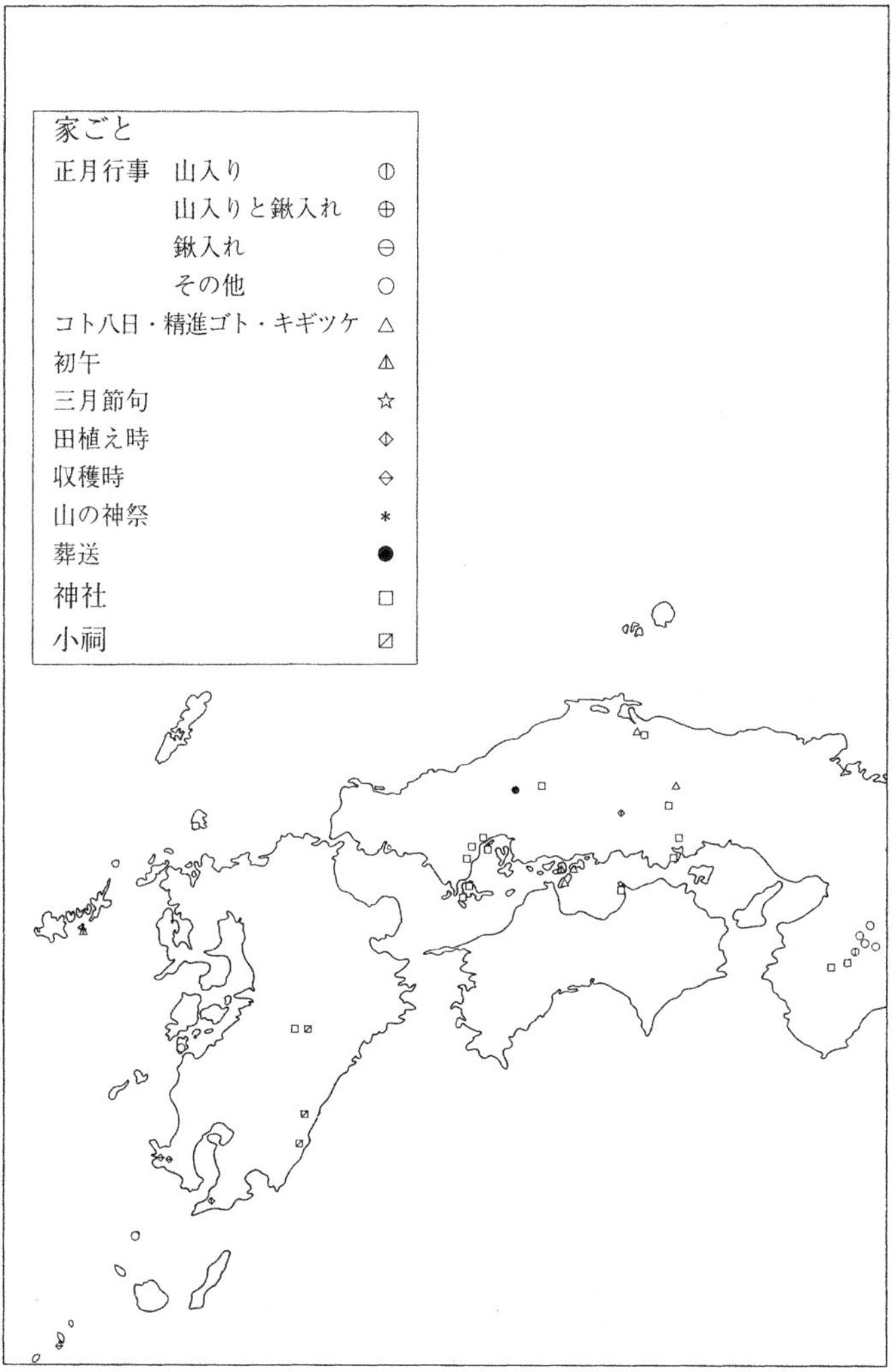
家ごと
正月行事　山入り
山入りと鍬入れ
鍬入れ
その他
コト八日・精進ゴト・キギツケ
初午
三月節句
田植え時
収穫時
山の神祭
葬送
神社
小祠

図9　御鳥喰

表3　御鳥喰習俗の諸類型

| 行事 | | | 事例 | 方法 供饌 | 方法 呼び方 | 方法 与え方 | 目的・意識 |
|---|---|---|---|---|---|---|---|
| 家 | 正月 | 山入り・山の神への供物 | 青森1・4・5・6・8・13・16・17、秋田2・6・7・8・9・10・11・12・13・14・15・16、岩手3、福島3、茨城6・10、神奈川1・2、奈良4 | 餅、あられ | 奇声、オミサキ、カラス | 投与、吊す、置く | 厄災除、吉凶予知、供物 |
| | | 山入り・鍬入れ | 青森2、福島1、茨城2・5・7・9・11・14・15、栃木4・6・9・16、徳島1 | 餅、米 | 奇声、オミサキ、カラス | 投与、置く、吊す | 厄災除、吉凶予知、作占 |
| | | 鍬入れ | 福島2・4・5・6、茨城1・3・4・8・12・13・18、栃木1・2・3・7・8・10・11・12・13・14・15、千葉1・2、神奈川3、山梨1、静岡2、長崎2 | 餅、米、籾、豆、魚、団子 | オミサキ、カラス | 置く | 作占 |
| | | 小正月 | 秋田5、岩手2・5・6・7・8、新潟1 | 餅 | 奇声、カラス | 置く | 鳥害除 |
| | | 仏の正月 | 新潟6・7・8・9・10 | 料理 | カラス | 置く | 供物 |
| | | 不明確・その他 | 青森3・9・10・11・12・14・15、秋田3、岩手1・4、茨城19、神奈川6、新潟2・3・4、奈良1・2・3・5、鹿児島2・3 | 餅、団子 | 奇声、カラス | 投与、置く、吊す、蒔く | 吉凶予知、厄災除、鳥害除 |
| | コト八日 | 二月 | 山形1・3、茨城16・17、愛媛2・3、岡山3、鳥取2 | 団子、餅 | 呼ばぬ、カラス | 投与、挿す、吊す | 厄災除、吉凶予知、神送 |
| | | 二月と十二月 | 山形2・4、宮城2・6 | 飯 | | | |
| | | 十二月 | 宮城3・4・5 | ボタ餅 | | | |

| | | | | | | | |
|---|---|---|---|---|---|---|---|
| | 精神ゴト・キギツケ | | 青森7、秋田1・4・17・18・19・20・21・22・23・24・25 | 餅 | 呼ばぬ | 置く | 厄災除 |
| | 初午 | | 神奈川7、愛媛1 | 餅 | | | |
| | 三月節供 | | 新潟5 | 草餅 | カラス | 投与 | |
| | 田植え時 | | 岡山4、鹿児島7 | 飯、粢 | カラス | 置く | 供物 |
| | 収穫時 | 稲 | 鹿児島4・5 | 餅 | 呼ばぬ | 挿す、置く | 吉凶予知、供物、鳥害除 |
| | | 麦 | 宮崎4 | 団子 | | | |
| | | 粟・芋 | 長崎1、鹿児島1 | 芋、粟 | | | |
| | 山の神祭 | | 鹿児島6 | 粢 | | 吊す | |
| 神社 | 正月 | | 宮城1、栃木5、愛知3、滋賀3、岡山5、山口2・3・4・5 | 餅 | 奇声、カラス、楽器、拍手 | 置く、蒔く、投与 | 浄穢確認、吉凶予知、作占、厄災除、供物 |
| | 正月その他 | | 福井1・2・4 | | | | |
| | 天王祭 | | 愛知2 | 米 | | | |
| | 春祭・秋祭 | | 愛知1、広島2 | 粢 | | | |
| | 春祭 | | 滋賀2、熊本1、宮崎1 | 小豆餅 | | | |
| | 秋祭 | | 福井3、滋賀4、香川1、岡山1・2、山口1 | 飯 | | | |
| | 冬十二月の祭 | | 奈良6 | | | | |
| | 諸神事 | | 滋賀1、広島1 | 赤飯 | | | |
| 小祠 | 山の神祭（二月・十月） | | 神奈川4・5、静岡1 | 粥 | | | |
| | 霜月祭 | | 宮崎2 | | | | |
| | 神祭 | | 宮崎3 | | | | |
| | 葬送 | | 新潟11、広島4 | 団子 | カラス | 投与、吊す | 魂送 |

## 御鳥喰習俗の展開例

これにより、まず、どのような機会に行われるのかという点に関しては、次のような点が指摘できる。第一に、神社の神事として行われるタイプは西日本に多く、家ごとの行事として行われるタイプは東日本に多い。第二に、正月行事の中で行われているタイプが東日本の東北地方から関東地方に多くみられ、そのうちとくに東北地方では山入り行事において、関東地方では鍬入《くわい》れ行事において、その中間地帯の東北南部から関東北部においては山入りと鍬入れの両方の行事において、という漸移的な分布がみられる。そして山入り行事において行われる場合には奇声を発して投げ与えたり樹木に吊して置いたりして、その意味づけも山仕事での事故がないようになどという災難や厄を除《よ》けるためとか烏が餅を食べれば吉、食べねば凶とみる形となっているのに対し、鍬入れ行事において行われる場合には田に早稲《わせ》、中稲《なかて》、晩稲《おくて》に見立てた餅、米、魚など三ヵ所の供物を置き、烏を呼んでそのうちのどれを最初に啄《ついば》むかをみてその年の当たり作を占うという形となっており、両者が儀礼構成のうえでもよく対応している。第三に、二月と十二月のコト八日の行事や春秋の精進ゴト、キギツケ餅の行事で行われるタイプが秋田・山形・宮城など東北地方と、岡山・愛媛など中・四国地方と互いに遠隔地ながら特徴的な分布をみせている。第四に、春の田植えや秋の収穫に際して行われるタイプが九州地方にみられる。第五に、わずかではあるが葬送儀礼の中で行われる例がみられる。

次に、どのような方法で、また何のために行うのかという点に関しては、さらに次のような点を指摘することができる。第一に、供饌《きょうせん》の種類は正月行事の場合は餅それも焼いた餅、コト八日では団子、というように、またその他、粢、飯などそれぞれの行事、神事に特有の供物となっているが、米を素材とするものが圧倒的に多い。第二に、与え方は積極的に呼ぶ形と、とくに呼ぶことはせずに置いたり吊るしたりして待つ形とがあり、前者にはさらに、「ロウロウ」、とか、「シナイシナイ」、「ポウポウ」、などと奇声を発するもの、「カラス、カラス」、とか、「オミサキ、オミサキ」などと呼びかける形、それに、「カラス来い餅やるぞ、十二の餅と柘榴《ざくろ》三つとかえことしよう」、などといろいろ文句を語りかける形とがある。与え方にも呼び方と同様に積極的に投げ与え、それを烏が飛びながら嘴《くちばし》でくわえてうけとる形と、一定の場所に置いたり吊るしたりしておいてそれを食べに来るのを待つ形とがある。第三に、目的については厄災除け、吉凶占い、作占い、浄穢《じょうえ》の確認などがある。第四に、烏に対してそれを何だと考えているかという点では、大別して山の神や田の神またそれぞれの神社の祭神など、なんらかの神の使いであるとするタイプと、とくに神の使いというのではなく烏は烏であるとするタイプとがある。

表4　各類型間の対応（家ごとの行事）

| 行事 | 方法 |  |  | 目的・意識 | 分布 |
|---|---|---|---|---|---|
|  | 供饌 | 呼び方 | 与え方 |  |  |
| 正月・山入 | 餅 | 奇声 | 投与 | 厄災除・吉凶予知（身体） | 東北北部に濃密 |
| 正月・鍬入 | 餅・米・魚 | オミサキカラス | 置く | 作占（豊作） | 北関東に濃密 |
| コト八日 | 団子 | 呼ばない | 挿す 吊す | 厄払・神送（身体） | 東北中部と中・四国 |
| 収穫 | 餅・団子・芋 | 呼ばない | 置く | 供物・鳥害除（豊作） | 九州に多い |

そして、これらの諸点については、表4に示すような一定の対応関係が認められる。

正月行事では一年の更新の諸儀礼が展開されるが、山入りとか初山かけとかいうのは、その年あらためて人間の日常的領域とは別の山という自然領域へと人間が入る、つまり山への領域侵犯を行うことになるのに際して、最初に行われる儀礼であり、山の領域に想定されている山の神への贈与を中心とした儀礼となっている。また、鍬入れとか農立てというのも、その年あらためて田畑の土地に鍬を打ち込み、大地に対する領域侵犯を行っていくのに際して行われる儀礼である。そうした正月行事におけるすべての物事の更新と自然界に対する新たな領域侵犯の開始にあたって、その自然の領域に観念されている山の神や田の神との交流を求めたところに、この御鳥喰の儀礼が成立していると考えられる。したがって、多く山入りの行事では烏は山の神の使いと考えられ、鍬入れの行事では田の神の使いと考えられ、目的とか効果についても山入りの場合には怪我をしないようになど身体安全に関するものが多く、鍬入れではその年の当り作を占う作占いや豊作祈願となっている。

一方、コト八日の行事や精進ゴト、キギツケの餅などの行事では、厄神《やくじん》送りとか厄払い的な意味をもつ場合が多い。ただし、このコト八日の行事における烏についての注目すべき点は、他の正月行事、田植えや収穫の行事、また神社の諸神事の場合とは異なり、それがなんらかの神の使いであるとは観念されていないという点である。烏にコトを負ってもらうといったり、厄神送りなどといっているように、厄払いの意味をもっている。これは葬送儀礼におけるものに近い。

## ハラヘ（祓え）としての贈与

では、なぜこのような行事が伝えられていたのか。なぜ烏に餅などを食べさせるのか。その目的については、それぞれ伝承の場によって、厄災除け、吉凶占い、作占い、浄穢確認などの意味づけが行われているが、

贈与 ─┬─ 上下関係（社会的関係）
　　　└─ 厄払い（脱社会的関係）

基本はあくまでも鳥が供物を食べることである。鳥が供物を食べればこの行事の目的は達成されるのであり、食べねば凶兆となる。それは神事の執行のうえでは供物に不浄があるとして神が拒否している意味となり、作占いの場合には神意が示されないことを意味し占いが不可能となる。

こうして、鳥による御鳥喰の目的が、鳥が供物を食べることを基本とするのであれば、食べるか食べないかをみる吉凶占い、浄穢確認、作占いなどの意味づけは二次的なものと位置づけてよい。つまり、鳥による御鳥喰の意味はその成否にあるのではなくあくまでも食べることを前提としているのである。ということは、御鳥喰の基本的目的とは占いの類にあるのではなく厄災除けの類にあるということになる。正月行事の御鳥喰にみられる厄災除けという意味づけとコト八日の行事の御鳥喰における厄除けという意味づけとは通底することとなり、むしろ御鳥喰の意味づけの基本型と考えられるのである。

ここで、供物という贈与の意味が考えられねばならない。先に厳島神社の御鳥廻式における御鳥喰の意味について、参拝という神の領域への侵犯行為に対する代償としての贈与であると分析した。また、ここでも正月行事の山入りや鍬入れに際しての御鳥喰が山や田への領域侵犯に対する代償として解釈した。しかし、ここで贈与のもつもう一つの意味を確認する必要が出てくる。領域侵犯に対する代償としての贈与は、贈与者と被贈与者との間に社会的に上下・優劣の関係が生じる類の贈与である。領域侵犯によって生じる社会的下位、劣位を贈与によって回復し相互に対等の交流関係を築く意味をもつ贈与である。

これは、古典的なマルセル・モースの「贈与論」(『贈与論』一九二四年、『社会学と人類学』一九七八年)やB・マリノフスキーの「互酬性」論(『西太平洋の遠洋航海者』一九二二年、『世界の名著』59、一九六七年)などによって十分説明されうるものである。しかし、それらは社会的関係における贈与論であり、社会的個人 moral persons の間における贈与についての理論である点に注意する必要がある。それに対し、ここではもう一つの贈与論が必要となる。それは脱社会的関係における贈与であり、ハラへ(祓え)としての贈与である。つまり、厄払いの意味をもつ贈与である。厄除け厄払いのための贈与は脱社会的な贈与であり社会的上下・優劣の関係を生じさせない。贈与者と被贈与者との間には社会的交流関係は構築されえない。この贈与は贈与によって贈与者のもつ厄が被贈与者へと託され払われるという関係の贈与なのである。この厄払いの厄とは、広く民俗学の分析概念でいうケガレと読み直すことができる。ケガレを祓え清めるための贈与なのである。

神や烏は社会的存在ではない。したがって、御烏喰の供物というのは、表面的には人が神との交流を求める贈与と位置づけることができ領域侵犯の代償としての意味をもつものと理解されるのであるが、より基層的には、贈与によるケガレの祓えの意味があるのである。社会的存在でない神や烏との社会的交流関係の構築は不可能であるからである。

## 神か烏か

ではなぜ烏なのか。烏は神の使いであるとする解釈が一般的である。烏を神の使いとみる観念は、古代の記紀神話にみる八咫烏《やたがらす》や陰陽師《おんようじ》の使役する式神やミサキとしての烏などの歴史上の事例や、ここで紹介した民俗の多くの事例によって広く共有されてきている。しかし、烏は烏であるという自明のことをこともなくいう人たちも多い。私がかつて訪ね歩いた青森県や岩手県の事例では、その点は明白であった。「烏は何の神様の使いなのか、御烏喰の行事で烏がもし食べないようなことがあったらどうするのか」、などと尋ねる私に、「烏は烏だ、烏が餅を食べないなんてことはあるはずがない、雪の中でみんな腹をすかしているんだから」、「烏に餅をやるのはほんとにおもしろいものだった」というような意味の返事が返ってくるばかりであった。

昭和五十四年夏の私の調査ノートのメモの一部をここに掲げてみる。

〈青森県三戸郡五戸町上豊川〉角浜孫一さん（七三歳）、角浜りえさん（七〇歳前後）、

図10　烏と遊ぶ漁村の人たち（魚の臓物の処理作業の中で群れて来るトンビやカモメにその一部を投げてやる。島根県島根町にて）

図11　年縄かけの行事で烏に餅を投げてやっていた頃のことを懐かしそうに話してくれた角浜孫一さん（1979年当時73歳）

角浜りえさん（七〇歳前後・同姓同名）、角浜はつよさん（七〇歳前後）に話を聞く。

旧暦一月七日は七草。昆布やせりなど七種のものを入れて小豆粥《あずきがゆ》を作る。この日は大正月の終りの日で、門松《かどまつ》をとりはらい年縄《としなわ》かけをする。早朝から男たちは屋敷のまわりに年縄をかけ家の前に出て、シナイ、シナイと烏を呼ぶ。烏はそれをよく知っていて山のほうから群れをなしてやってくる。真っ白い雪景色の中、真っ黒い烏の群れが飛んでくる。その烏たちに焼いた餅を小さくちぎって空中高く投げ上げてやる。すると、烏はそれを上手にくちばしで受け取る。それはとてもにぎやかでほほえましいものであった。それが終ると、家に入るとき薪《まき》を少し取って帰り、囲炉裏《いろり》で焚いてその火にあたる。すると一年間病気にかからないといった。烏に餅をやる日は、ほかにも小正月の終る日と二月四日の節分の日とであった。

この行事は、女や子ども、それに忌みのかかった人はやらなかった。

〈岩手県岩手郡西根町田頭字夕顔田〉　工藤きささん（七七歳）、小野寺かつさん（七四歳）、工藤くらさん（七〇歳）に話を聞く。

小正月の一月十五日の晩を年取りの晩といい、その晩から土間に注連縄《しめなわ》を張った木臼《きうす》を逆さにしてその中には三つの丸餅を入れておく。そして、翌十六日の早朝、家の若い男がほかに誰も起きないうちに手桶《ておけ》に柄杓《ひしゃく》をもって近くの川で若水を汲んでくる。必ず三回汲み、その水でお茶を入れて神棚に供える。この日の朝はとくに朝飯前は囲炉裏に足をおろしてはいけないといった。おろすと春になって苗代《なわしろ》に雀や鴨《かも》など鳥が入って害をなすからだといった。烏に餅をやるのは十八日か十九日の小正月の終りの日だが、この若水汲みはその日まで毎朝やった。烏に餅をやる日は朝早くから年男が藁《わら》で年縄を三本作り、それに煮干しや昆布などをつけ、屋敷近くの樹木に吊るす。そして、ポウ、ポウと烏を呼ぶ。白い雪景色の中で真っ黒い烏が餌を求めて飛んでくる。そして、集まってきた烏に餅を投げてやる。その餅は十五日の年取りの晩に木臼の中に入れておいた三つの丸餅を焼いてちぎったもので、木の盆に大豆粉を入れていきそれにまぶして投げてやった。粉をまぶすのは、そうしてやらないと烏の口にくっついてかわいそうだからという。烏はたくさん集まれば集まるほどいいという。もし烏が来なかったらどうするのか、と聞くと、そんなことはあるわけがない、と一笑に付された。この日はそのあとで門松を取り払うが、その松を囲炉裏にくべてその火にあたると蛇にかまれないといった。

このように、東北地方の調査では、烏は烏であってとくに何の神様の使いでもないという伝承が自然であった。そして、この行事は神へ供物を捧げる儀礼であるというよりも烏に餅を与える遊びのようでもあった。もちろん、ただの遊びでないことは、その餅が年の更新と祓え清めを基本とする正月行事の供物の処理の一環に位置づけられるものとなっており、この行事によって病気をしないとか蛇にかまれないなどといわれているように、一年の浄化招福を意味する伝承が必ず付随していることからも明らかである。ただ、真っ黒い野生の鳥、烏はそのままでも神秘をまとった鳥でありえたのであり、それをなんらかの神の使いとみる観念というのはむしろさまざまな伝承の場における展開の結果でてきたものと考えられるのである。

# 御鳥喰神事の意味

ここで論じたことをまとめておくと、およそ以下のとおりである。

第一に、厳島《いつくしま》神社の御鳥喰神事《おとぐいしんじ》について。

**御鳥喰神事の要点**

(1) 御島廻式《おしまめぐりしき》と御鳥喰神事が歴史的にいつまで遡れるかについては、確実なのは十五世紀までであるが、間接的には十二世紀まで推定が可能である。

(2) 女神鎮座伝承には、十二世紀以降の平家の信仰と神仏習合の影響を受けた古いタイプと十六世紀以降の卜部吉田家の唯一神道の影響を受けた新しいタイプとの二つがあるが、それら以前の古伝承の存在も推定できる。

(3) 御島廻式は女神鎮座の伝承と不可分の神事であり、女神鎮座の時空を再現する原初回帰の儀礼としての意味をもつ。

(4)　御島廻式と御鳥喰神事は、正式の参拝の作法を示す神事であり、神聖な神の領域への侵入に際しての贈与儀礼としての意味がある。

(5)　しかし、より基層的には粢《しとぎ》に人々のケガレを依り付けて鳥に食べさせる禊祓《みそぎはらえ》の意味が御鳥喰神事にはある。そして、厳島の神域は、人々のケガレの巨大な吸引装置であると同時に強力な浄化装置として聖なる機能をはたしつづけているのである。

**御鳥喰習俗の意味**

第二に、御鳥喰習俗について。

(1)　神社の神事として行われるタイプは西日本に多く、家ごとの正月行事として行われるタイプは東日本に多い。

(2)　東北地方では正月の山入り行事に際して、関東地方では正月の鍬入れ行事に際して、その中間地帯の東北南部から関東北部ではその両方の行事に際して、というふうに漸移的な分布がみられる。そして、その山入り行事の場合には奇声を発して呼び御鳥喰により厄災除けになる、鍬入れ行事の場合には置いた供物のどれを啄《ついば》むかによって作占いとする、というふうにそれぞれの伝承の場に適合するように意味づけも変化している。

(3)　御鳥喰の基本目的は占いの類にあるのではなく厄災除けの類にある。御鳥喰の基本は人々のケガレを供物に託して烏に食べさせる禊祓の儀礼である。

(4)　烏をなんらかの神の使いとみる観念は、烏をそのまま野生の神秘的な鳥とみる基層的な観念のうえに展開した二次的なものである。

# 龍蛇祭祀の儀礼と神話

# 古代出雲の特殊性

## 出雲国造神賀詞

古代の出雲が大和の王権にとって特別な歴史を有していたらしいことは、『古事記』や『日本書紀』の伝える須佐之男命《すさのおのみこと》と八岐大蛇《やまたのおろち》の神話や大国主神の国譲りの神話など一連の出雲神話と呼ばれる神話群の存在によって推定される。そして、その出雲の特殊性は律令制下にあってもその形式が伝えられていた。それが、出雲の国造《くにのみやつこ》の補任にあたって行われた神賀詞《かむよごと》の奏上という儀礼である。その式次第は、『延喜式』巻三の臨時祭の部に「賜出雲国造負幸物」条と「国造奏神寿詞」条として記されている。

つまり、出雲国造は他の国造とは異なり、その補任にあたって朝廷より特別に負幸物《おいさちもの》を賜わり、これに対して厳粛に神賀詞を奏上するという儀式が執行されていたのである。事実『続日本紀』などには、霊亀二年（七一六）二月十日条の出雲国造果安の神賀詞奏上を初見として、以下果安の子広嶋（神亀元年〈七二四〉正月二十七日条）、さらにその子弟山（天平勝宝三年〈七五一〉二月二十二日条）、国成（延暦五年〈七八六〉二月九日条）、旅人（『日本後紀』弘仁三年〈八一二〉三月十五日条）、豊持（『日本紀略』天長十年〈八三三〉四月二十五日条）と、代々の国造補任と神賀詞奏上の事実を伝えている。たとえば、『日本紀略』天長十年（八三三）四月二十五日条には、

出雲国司率国造出雲豊持等奏神寿。幷献白馬一疋生雉一翼。高机四前。倉代物五十荷。天皇（仁明天皇）御大極殿。受其神寿。授国造豊持外従五位下。

とある。

**出雲神話**

大和の王権にとって古代出雲の神々が霊威の激しい畏《おそ》るべき祟《たた》り神であったことは『古事記』や『日本書紀』の伝承が伝えるところであるが、その古代出雲の神々のイメージは不気味な蛇体の神々であるという印象が顕著であった。それをよく示すのは、有名な須佐之男命の八岐大蛇退治の神話、大国主神の国作りにおける神霊の海上来臨とその大和三輪山への鎮座伝承、垂仁天皇の子本牟智和気《ほむちわけ》と一夜婚する肥長《ひなが》

比売《ひめ》の物語などである。

　大国主神による国作りと国土平定の神話は、前段の少名毘古那《すくなひこな》神の協力による部分と、後段の海上来臨した神霊、これを『日本書紀』神代上第八段第六の一書では大己貴神《おほあなむちのかみ》の幸魂《さきみたま》奇魂《くしみたま》であるとしているが、その加護によるとする部分とから成り立っている。そして、その国土平定事業を守る神として海上来臨した神は大和の御諸山《みもろやま》つまり三輪山に祀られたといい、それは三輪の大物主神つまり蛇体の神であったのである。『古事記』や『日本書紀』には次のようにある。

是《ここ》に大國主神、愁ひて告《の》りたまひしく、「吾独《あれひとり》して何にか能《よ》く此《こ》の国を得《え》作らむ。孰《いず》れの神と吾と、能く此の國を相作らむや。」とのりたまひき。是の時に海を光《てら》して依り来る神ありき。其の神の言《の》りたまひしく、「能く我が前を治めば、吾能く共与《とも》に相作り成さむ。若《も》し然らずば国成り難けむ。」とのりたまひき。爾に大国主神曰《まお》ししく、「然らば治め奉る状《さま》は奈何《いか》にぞ。」とまをしたまへば、「吾をば倭の青垣の東の山の上に伊都岐奉《いつきまつ》れ。」と答へ言《の》りたまひき。此《こ》は御諸《みもろ》山の上《へ》に坐《ま》す神なり。（『古事記　祝詞』岩波日本古典文学大系、一〇九ページ）

一書（第六）に曰く、大国主神、亦《また》の名は大物主神、亦は国作大己貴命《くにつくりのおほあなむちのみこと》と号《まう》す。

（中略）遂に因りて言《のたま》はく、「今此の国を理《おさ》むるは、唯吾一身《われひとり》のみなり。其れ吾と共に天下《あめのした》を理むべき者、蓋し有りや」とのたまふ。

時に、神《あや》しき光海《ひかりうな》に照して、忽然《たちまち》に浮び来る者あり。曰はく、「如《も》し吾在らずは、汝《いまし》何《いかに》ぞ能く此の国を平《む》けましや。吾が在るに由りての故に、汝其の大きに造る績《いたわり》を建つこと得たり」といふ。是の時に、大己貴神《おほあなむちのかみ》問ひて曰《のたま》はく、「然らば汝は是誰《これたれ》ぞ」とのたまふ。対《こた》へて曰はく、「吾は是汝が幸魂《さきみたま》奇魂《くしみたま》なり」といふ。大己貴神の曰はく、「唯然《しか》なり。廼《すなわ》ち知りぬ、汝《いまし》は是吾が幸魂奇魂なり。今何処《いずこ》にか住まむと欲《おも》ふ」とのたまふ。対へて曰はく、「吾は日本国《やまとのくに》の三諸山《みもろやま》に住まむと欲ふ」といふ。故《かれ》、即ち宮を彼処《かしこ》に造りて、就《ゆ》きて居《ま》しまさむ。此、大三輪の神なり。（『日本書紀』日本古典文学大系、一二八～一三〇ページ）

そして、この神話は神々の物語として『古事記』や『日本書紀』に記されていただけでなく、実際に出雲国造や律令国家の現場の人々によって語られていたことが、「出雲国造神賀詞」からわかる。

すなはち大なもちの命の申したまはく、「皇御孫《すめみま》の命《みこと》の静まりまさむ大倭の国」と申して、己命《おのがみこと》の和魂《にぎみたま》を八咫《やた》の鏡に取り託けて、倭の大物主くしみかたまの命と名を称へて、大御和《おほみわ》の神なびに坐《ま》せ、己命の御子あぢすき高ひこねの命の御魂を、葛木の鴨の神なびに坐せ、事代主の命の御魂をうなてに坐せ、かやなるみの命の御魂を飛鳥の神なびに坐せて、皇孫の命の近き守神と貢り置きて、八百丹杵築の宮に静まりましき。

（『古事記　祝詞』日本古典文学大系、四五五ページ）

これは出雲国造神賀詞の一節であるが、このような出雲の神と大和王権との関係を語る物語が、出雲国造の補任のたびに実際にくりかえし語り伝えられていたのである。

また、本牟智和気《ほむちわけ》の伝承には異伝（『日本書紀』垂仁二十三年、『尾張国風土記逸文』）もあるが、『古事記』の伝える肥長比売は海原を光《てら》して追い来たった蛇体の神であった。垂仁天皇の子本牟智和気が言葉を発することができないのは出雲の大神の祟りによるものであるとして『古事記』は次のように記す。

是の御子、八拳鬚心《やつかひげむね》の前《さき》に至るまで真事登波受《まこととわず》。（中略）是に天皇患《うれ》ひ賜ひて、御寝《みね》しませる時、御夢に覚《さと》して曰《の》りたまひけらく、「我が宮を天皇の御舎《みあらか》の如修理《ごとおさめつく》りたまはば、御子必ず真事登波牟《まこととわむ》」とのりたまひき。如此覚《かくさと》したまふ時、布斗摩邇邇占相《ふとまにうらな》ひて、何れの神の心ぞと求めしに、爾《そ》の祟《たた》りは出雲の大神の御心なりき。（中略）故、出雲に到りて、大神を拝み訖《お》へて還り上《のぼ》ります時に肥河《ひのかわ》の中に黒き巣橋《すばし》を作り、仮宮を仕へ奉《まつ》りて坐《ま》さしめき。爾に出雲国造の祖《おや》、名は岐比佐都美《きひさつみ》、青葉の山を餝《かざ》りて、其の河下に立てて、大御食《おおみけ》献らむとする時に、其の御子詔《の》言りたまひしく、「(略)」。爾に御伴《みとも》に遣はさえし王等《みこたち》、聞き歓び見喜びて、御子をば檳榔《あじまさ》の長穂宮《ながほの》に坐せて、駅使《はゆまづかい》を貢上《たてまつ》りき。爾に其の御子、一宿肥長比売《ひとよひながひめ》と婚《まぐわ》ひましき。故、窃《ひそ》かに其の美人《おとめ》を伺《み》たまへば、蛇《おろち》なりき。即ち見畏《かしこ》みて遁逃《に》げたまひき。爾に其の肥長比売患《うれ》ひて、海原を光《てら》して船より追ひ来りき。故、益《ますます》見畏みて、山の多和《たわ》より御船を引き越して逃げ上《のぼ》り行《い》でましき。(『古事記　祝詞』日本古典文学大系、一九七〜二〇一ページ)

このような出雲の神々をめぐる神話と儀礼についての解釈としては、すでに谷川健一の解釈(『神・人間・動物』一九七五年、『黒潮の民俗学』一九七六年)が知られているが、ここではあらためて情報を整理し一歩踏み込んで解析してみることにしたい。

# 佐太神社の神在祭

## 出雲の神在祭

旧暦十月は神無月といって神がいない月、つまり日本国中の神々がすべて出雲へ参集され出雲以外ではまったく神様がいなくなってしまう月であるという。そして、出雲では逆に、神々が参集される月であるから旧暦十月を神在月《かみありづき》と呼んでいる。現在では神在月は新暦十一月にあてられているが、その神在月に行われる重要な祭りが神在祭《かみありまつり》である。神在祭は通称出雲のお忌《い》みさんと呼ばれるもので厳しい物忌みを中心とした神祭りである。そして、その神在祭に迎えられる神が龍蛇様《りゅうじゃさま》なのである。

毎年、新暦十一月、神在月のこの祭りが近づくころになると日本海は海荒れの激しい季節となる。土地の人々はこれをお忌み荒れと称し、海から来臨する龍蛇様を待つ。龍蛇様というのは海蛇の一種で、さほど大きくなく尾が鰻《うなぎ》に似て平らで、ちょうど折からの海荒れで海中でもまれ、意識朦朧《もうろう》の状態となって海岸に漂着する。沖合であげることもあるが、この龍蛇様は漁船の灯火を慕って寄り来る習性があり、黄金色に光って来るという。出雲大社では、稲佐浜に漂着した龍蛇様を白衣の装束に身を包んだ神職一同がうやうやしく奉持し神殿へと迎え入れる儀礼が今も行われている。この海蛇奉斎《ほうさい》の神事は出雲大社のほか日御碕《ひのみさき》神社、佐太《さだ》神社など出雲の海岸一帯の古社に伝えられている古伝祭の一つなのである。

佐太神社は『出雲国風土記』が、「神名火山（中略）所謂佐太大神社、即彼山下也」と記した出雲の古社の一つであるが、典型的な神在祭を古伝祭として伝えている。

## 神在祭の執行次第

佐太神社の神在祭は、もとは十一月の十一日から十六日までを上ノ忌と称し、途中、十七日から十九日までの三日間、中根《なかね》と称する忌みの緩む期間をおいた後、再び二十日から二十五日までを下ノ忌と称して厳しい斎戒《さいかい》、物忌《ものい》みの守られる中でおごそかに神事が執行されたという。しかし、明治年間に、上ノ忌を廃祀して以来、現在では二十日から二十五日までの下ノ忌の期間のみ神事が執行されている。なお、この十一月の神在祭の裏祭として五月にまったく同様の神事が行われている。

図12　出雲大社の龍蛇様迎え（島根県教育委員会提供）

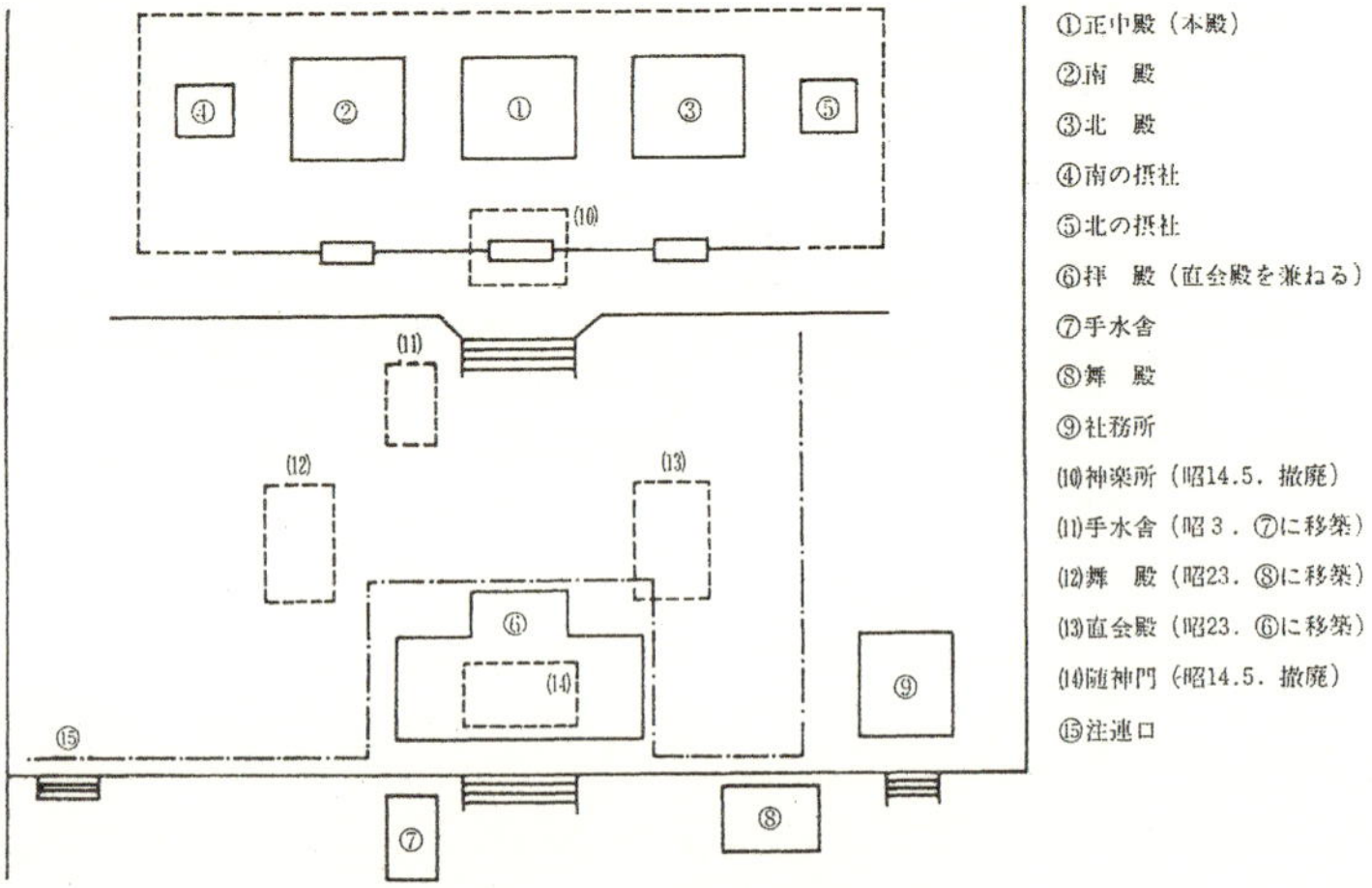


図13　佐太神社社殿配置図（昭和50年）

私がはじめてこの佐太神社の神在祭を見学したのは、昭和五十年十一月のことであった。その後、社殿の改築や行事の部分的な変化などもあるが、最初の見学の時の情報を中心に記述することにする。

佐太神社の社殿配置は、現在では昭和五十五年の改築後の状態であるが、昭和五十年当時は図13に示すとおりであった。神在祭の期間中は、図中に一点破線（－・－・－）で示すように厳重に注連縄《しめなわ》が張り巡らされ、清浄な神域がきびしく外部と遮断されていた。

佐太神社は、明治の帰農以前には京都の吉田神社の支配のもとにあり、かつ秋鹿《あいか》、島根、楯縫《たてぬい》の三郡と意宇《おう》郡の西半分のいわゆる三郡半の神主をその支配下として統率していたという。佐太神社の前の佐陀川の向う側が島根郡、こちら側が秋鹿郡であるが、神社の境内の半分まで島根郡が入りこんでおり、神社では中殿の芯《しん》の御柱が二つの郡の郡堺に立っているのだという言い伝えがある。神社に向かって右側が島根郡、左側が秋鹿郡ということになる。いわゆる三郡半の神主の支配関係は図15のようになっており、三郡半の五つの触れ下にそれぞれ幣頭《へいとう》と呼ばれる有力社家が一戸ずつあり、その下に年寄、平社家があった。時には幣頭の補助的なものとして幣郎と呼ばれる役が臨時に任命されることもあったがその数は不定であったという。

〈家　職〉　佐太神社の神祭りにおいては、家職といわれる神事の諸役を奉仕する家々が定められており、明治の帰農以前にはそれぞれ相応の禄をうけて世襲されていたという。今日ではそのうちわずか数戸が残ってその家職を奉仕している。現宮司の朝山芳圀氏の話によって現在たどることができるところを記すと左表のようになる。まず、秋鹿方と島根方とに分けられ、正神主、権神主、別火の三職を三神主という。そしてそれ以下の上官、中官、社人を祝《はふり》という。これらはそれぞれの家の世襲で社中と総称され、弘化二年（一八四五）の絵図にもみられるように佐太神社の周囲にその居宅を構えていた。正神主の朝山家は現在の居宅の場所で神社に向かって左側

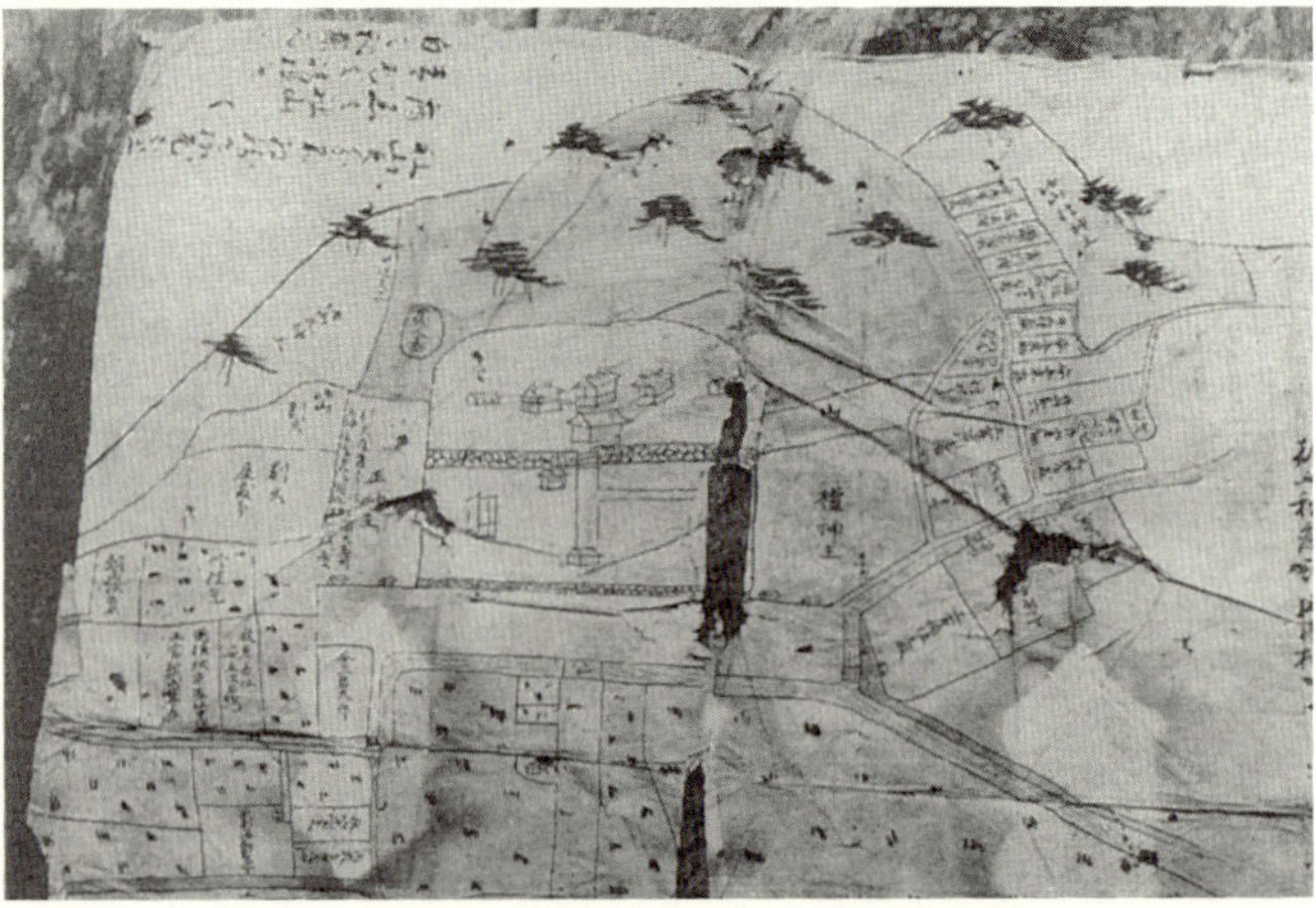

図14　佐太神社古絵図（弘化2年、佐太神社蔵）

| | 秋鹿方 | | | 島根方 | | |
|---|---|---|---|---|---|---|
| 三神主 | 正神主 | : | (朝山) | | | |
| | 別火 | : | (磯崎)　—廃絶— | 権神主 | | (宇藤)　—廃絶— |
| 祝 | 上官 | 注連の祝 | :(幡垣)〈神楽の司・禰宜の祝〉 | 上官 | 幣主の祝 | :(宮川)〈神楽の司・禰宜の祝〉 |
| | | 宮殿の祝 | :(福田)　—廃絶— | | 高田の祝 | :(木村)　—廃絶— |
| | | 土器の祝 | :(朝山)　—廃絶— | | | |
| | 中官 | —世襲でなくその時々の功により社人の中から任命　2戸— | | | | |
| | 社人 | 別当の祝 | | 社人 | 神魂の祝 | |
| | | 新五両会の祝 | | | 神宮の祝 | |
| | | 若宮の祝 | | | 大江の祝 | |
| | | 社務の祝 | | | 新造の祝 | |
| | | 御盛の祝 | :(内藤)? | | 御盛の祝 | |
| | | 失神の祝 | | | 加賀の祝 | |
| | | 龍蛇取り | :(板橋) | | 宮役人 | |
| | | 宮役人 | | | 承仕 | :(福田) |
| | | 山守 | | | 宮大工 | |
| | | 承仕 | :(安達) | | | |
| | | 宮大工 | :(秋山)? | | | |

( ) 内はその家職の世襲の家

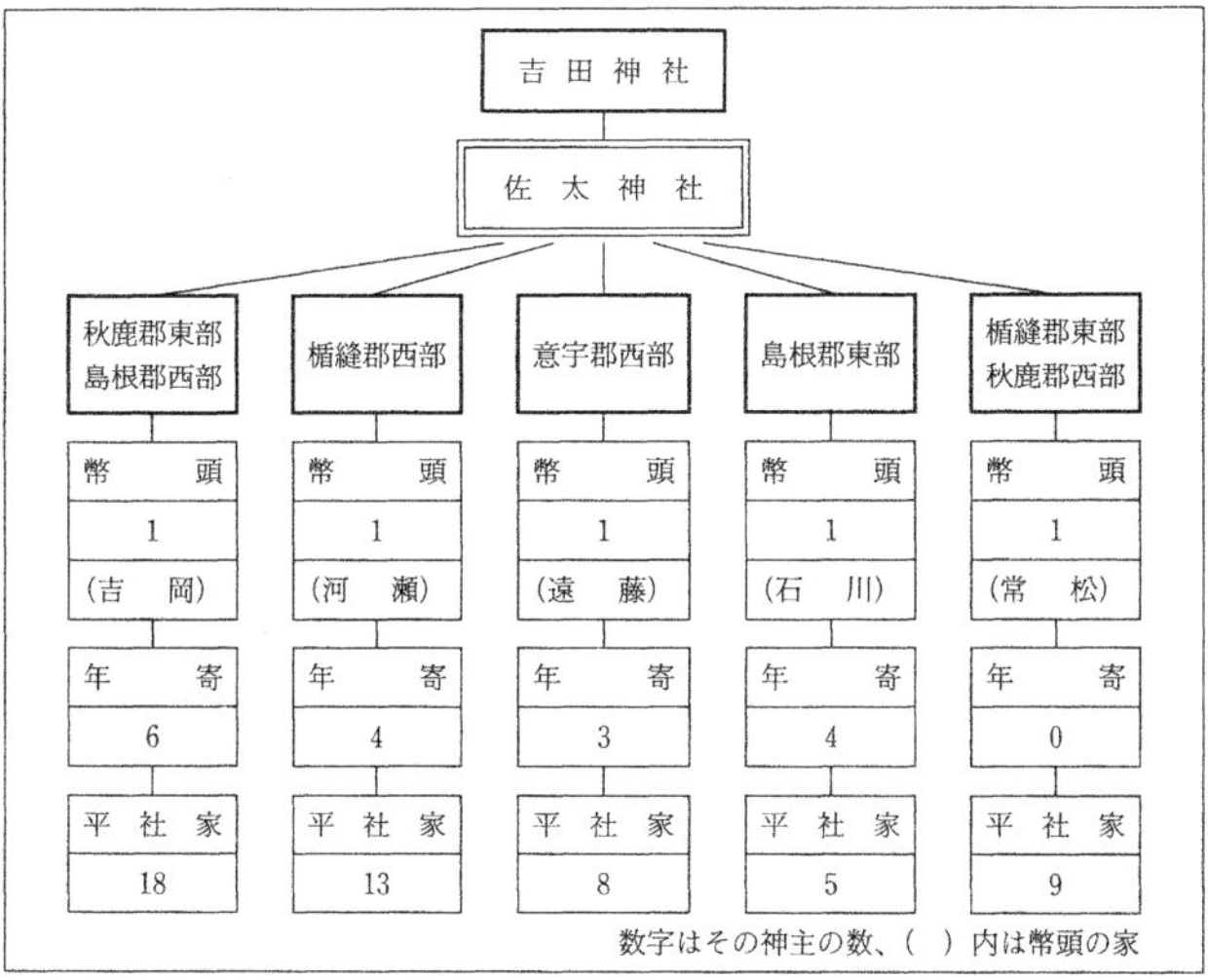


図15　佐太神社支配図

に、権神主の宇藤家は神社に向かって右側に居宅があった。別火の磯崎家は現在の言い伝えでは神社から離れた場所に居宅があり、現在の神宮寺跡のあたりであったというが、弘化二年（一八四五）の絵図には正神主の居宅の後方に別火の居宅が記されている。別火は毎朝潔斎《けっさい》して神社に出勤するが、途中で女性に会ってはいけないといった。会うといったん家に帰りもう一度潔斎して出直す。なるべく人のいない時を見計らって家を出る。村の人たちも別火に会わないように脇道へそれるなどして気をつけた。別火は頭の髷《まげ》も藁《わら》しべで結っていた。紙の元結いでは人の手にかかっているものなので不浄だとしてそれを避けた。この別火も明治の帰農によって社領がなくなり神社を離れたという。なお、この別火と注連の祝と幣主の祝とは祭事専門の役職で、宮殿の祝と高田の祝とは神社の庶務や渉外の役職に当たっていたという。社人以下については不明の部分も多いが、現在も奉仕を続けている内藤康夫氏の家は御盛《みもり》の祝《はふり》であった。龍蛇取りの板橋家は現在も古浦に居住しており、龍蛇様があがるとうやうやしくこれを迎え、佐太神社へと納める。寄り来た海蛇を取ることを龍蛇様があがるというが、現在では板橋家以外でも漁師の人たちが迎えて直接神社へ納める例もある。昭和五十年度に龍蛇様があがったのは十月二十八日で、場所は古浦の海岸であった。

図16①　神送り神事（注連口）

図16②　同上（龍蛇様）

〈神送り神事〉　昭和五十年十一月二十五日、神在祭の最後の重要神事である神送り神事が行われた。写真を掲示しながらその次第を述べる。

①注連口　神在祭の期間中、土幣《つちへい》と称する雌竹の幣串《へいぐし》が境内に立てられ、それに注連縄が厳重に張りわたされる。社殿に向かって左側の注連口にはアオキの葉がたくさん吊り下げられる。このアオキの葉はたくさん自生しているもので、五月の流鏑馬《やぶさめ》の馬小屋を囲う時にも壁のように使うといい、青い葉で壁を作るような意味があるのではないかという。

②龍蛇様　特殊な漆塗りの台に載せられガラスのケースが被せてある。下に藻葉を敷きその上にとぐろを巻かせて頭部を前に向けてある。海からあがって十一月二十日の神迎《かみむかえ》神事までは宮司の家に保管されているが、二十日から二十五日までの祭りの期間中は拝殿（現在では仮拝殿）に安置され、参拝の人たちはこれに賽銭《さいせん》をあげて拝む。龍蛇様を扱うのは現在では祝の役で、御盛の祝の内藤氏がこの古伝祭について詳しい。神在祭は物忌みの祭りなのでもとは別火の役割であった可能性が大であるという。龍蛇様は二十五日の神送り神事が終わると中殿内に一年間納められたのち、神社後方の三笠山の中腹にある摂社《せつしゃ》の近くに埋めるという。中殿内にそのまま納められている場合もある。かつては篤志の者へ分け与えたといい、今でもこの佐太神社と同様に海蛇を迎えて祭る神在祭を行っている出

図16③　神送り神事（社頭神事）

図16④　同上（注連切り）

図16⑤　神送り神事（巡拝）

図16⑥　同上（出殿）

図16⑦　同右（神送り行列）

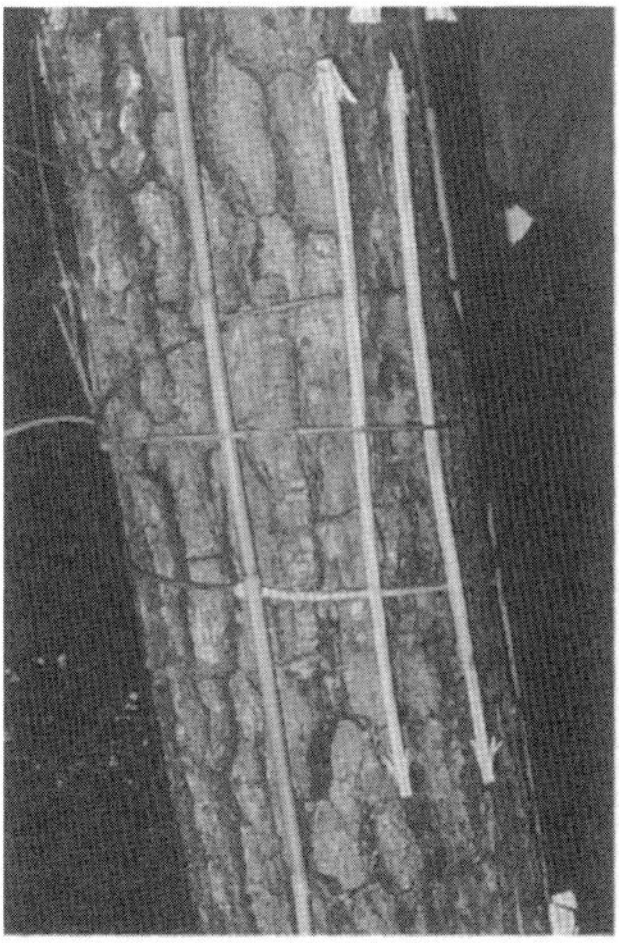

図16⑨　同上（松の神木への装置）

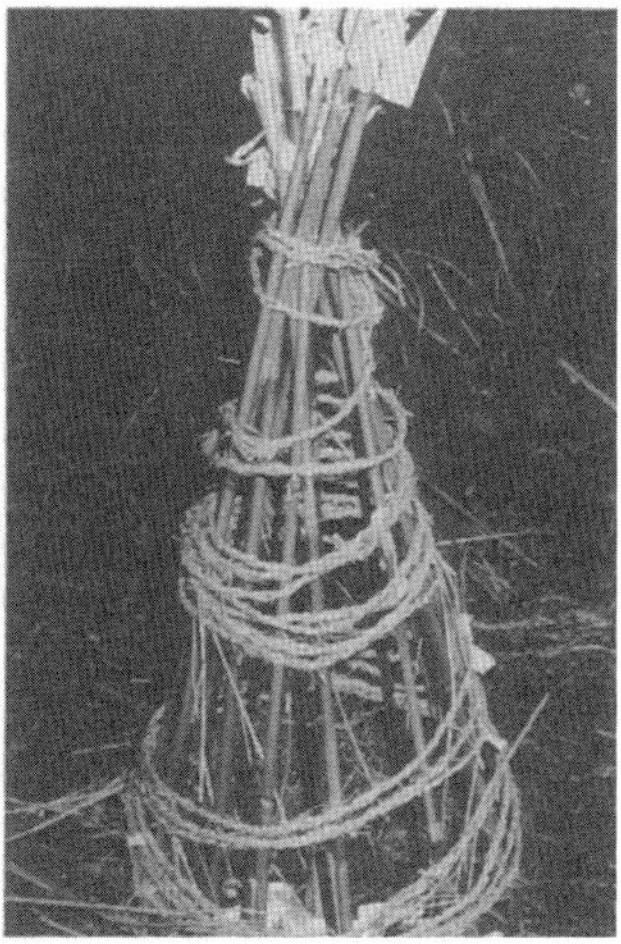

図16⑧　同上（祭場の池上の装置）

雲大社や日御碕神社では篤志の者に分け与えている。龍蛇様は火難、水難、商売繁昌の御利益があるとされており、実物でなく刷り物としての龍蛇様の御札も発行されている。

③社頭神事　十一月二十五日夜八時ごろ、神送り神事は拝殿における修祓《しゅうばつ》と祝詞奏上から始まる。祭主は佐太神社の朝山宮司が勤め、副祭主一名、祭員四名は近くの神社の神職が勤める。祝は伝統的な御盛の祝の内藤氏ともう一名が勤める。

④注連切り　祭主以下祭員一同が注連口にいたり祝が注連口を切り開く。

⑤続いて一同注連の内へ進み南殿、中殿、北殿と巡拝する。

⑥出殿　白い口当ての布をつけた祭員によって拝殿の前に神籬《ひもろぎ》が捧げ出される。この時「オー」という警蹕《けいひつ》がある。

⑦神送り行列　祭主以下祭員、参列者一同、神籬を捧持して社頭を発ち一路神ノ目山に向かう。行列の順序は次のとおりである。

高張・取締・塩導大榊・白大幣・八重榊・太和幣・御装束具・御神饌・高張・前衛・天之御陰（大榊）・御神輿・錦蓋（大榊）・日之御陰（大榊）・奉幣・斎主・副斎主・随員・高張・押大幣・行列使（大幣）

暗闇の山裾の山道を提灯《ちょうちん》の薄明りをたよりに一同歩き進み、神ノ目山の祭場までの所

図16⑩　神送り神事（祭場）

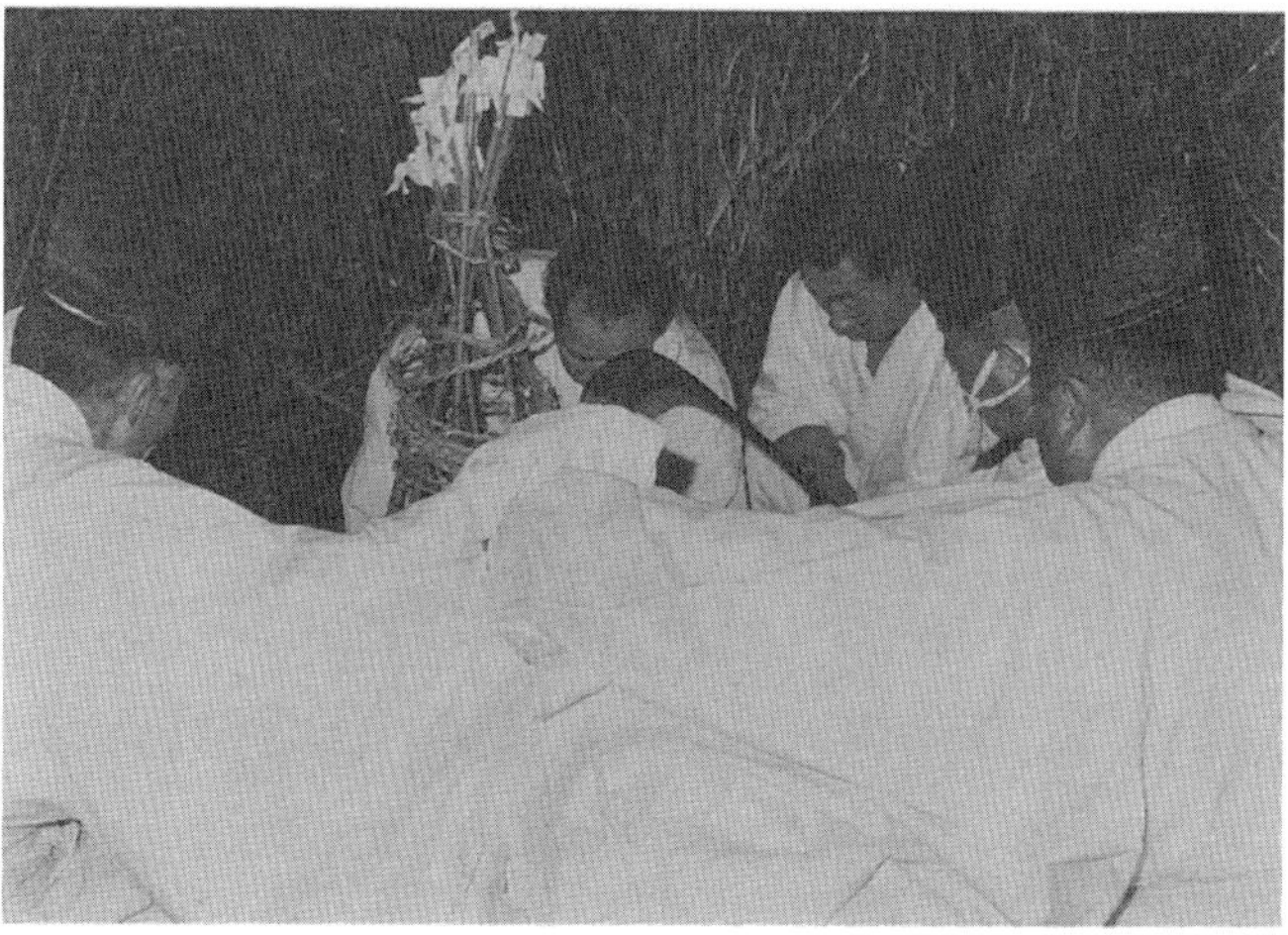

図16⑪　同上（船出の神事）

用時間はおよそ四、五十分くらいである。

⑧山上の祭場の池の上の装置　神ノ目山上の祭場は立木もまばらで平坦になっており、松の神木と小さな池がある。池とはいっても直径数十チセン程度の穴のことで水はない。行列が到着するとまず祝は持参した土幣と注連縄で池の上に写真に見るような円錐形の装置を作る。この装置には特別な呼称はない。この土幣と注連縄は神在祭の期間中、境内に張り巡らされていたものである。

⑨松の神木への装置　池のすぐ近くにある松の神木へも特別な装置が施される。真ん中に柳の木の削り掛けを一対、その外側に桜の木の皮を一対、そして、一番外側に土幣を一対、それぞれ縦に並べて、これをえのこかずらで三巡ほど巻き付ける。この装置についても特別な呼称はない。この松の神木の根元には一夜《いちや》御水《ごすい》と呼ばれる御神酒《おみき》を供える。この一夜御水というのは神在祭独特の御神酒で甘酒の一種である。その製法は湯戸地区の井上省三家の秘伝とされている。

⑩祭場　山上の祭場では立木の根元に行列で持参した和幣や大榊などが差し立てられる。写真右奥が池の上の円錐形の装置で中央奥が松の神木である。この山上の祭場は佐太神社からは西北の方角にあり、木々が繁る前は海が見える場所であったという。

図16⑫　神送り神事（平伏黙禱）

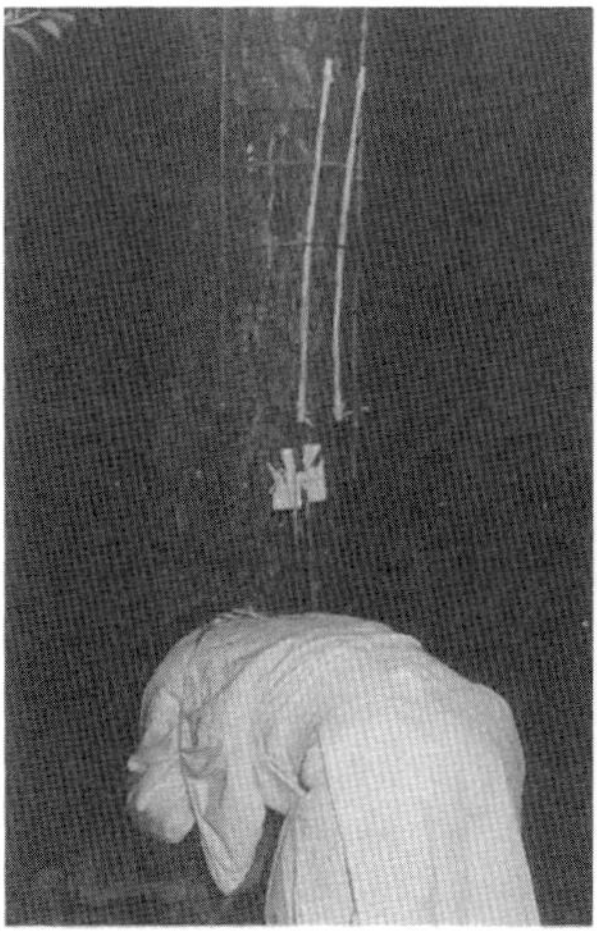

図16⑭　同上（土幣を神木に）

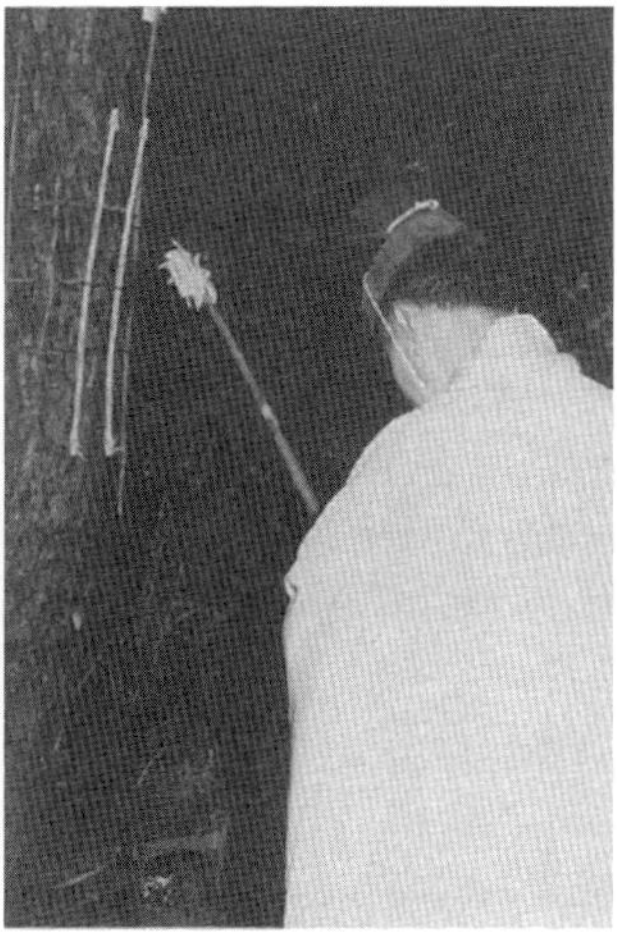

図16⑬　同上（修祓）

⑪船出の神事　高張提灯の薄明り以外はすべての灯明が消され、祭員一同蹲居《そんきょ》して池を取り囲む。そして、「オー」という警蹕とともに祭主は背後を両脇から他の祭員に支えられ、神籬を竹の円錐形の装置の内側に入れ池の上の杉の木の船に乗せる。このとき祭主は誰にも聞こえぬ小さな声で「カコ」「カコ」「カコ」と三度唱える。すると、佐太神社の支配下の三郡半の領内で小鳥が三羽死ぬという。その三羽の小鳥が水夫《かこ》となって神様を送るのだという。杉の木の船というのは約二〇チセンほどの板片で、斧の一振りで上手に舳先の三角形ができたものが使われる。これも祝が用意する。

⑫ついで、祭主は松の神木に向かって平伏黙禱する。

⑬それが終ると、祝が祭主に土幣二本を手渡し、祭主はその土幣を持って松の神木に向かい左右に振り修祓の所作をする。

⑭再び土幣は祝に手渡され、祝はそれを松の神木の根元に強く突き立てる。

⑮そして、松の神木の根元に供えてあった一夜御水を祝の酌によって祭主が頂戴する。以下祭員、参加者ともに頂戴して神ノ目山上の神事は終了する。

⑯祭員一同社頭に帰着すると宮司家に参集し最後の儀式を行う。まず、床の間を背にして祭主が着座し一同は両側に列座する。控えていた祭主の妻が床の間から三方《さんぽう》に載せた鰹節

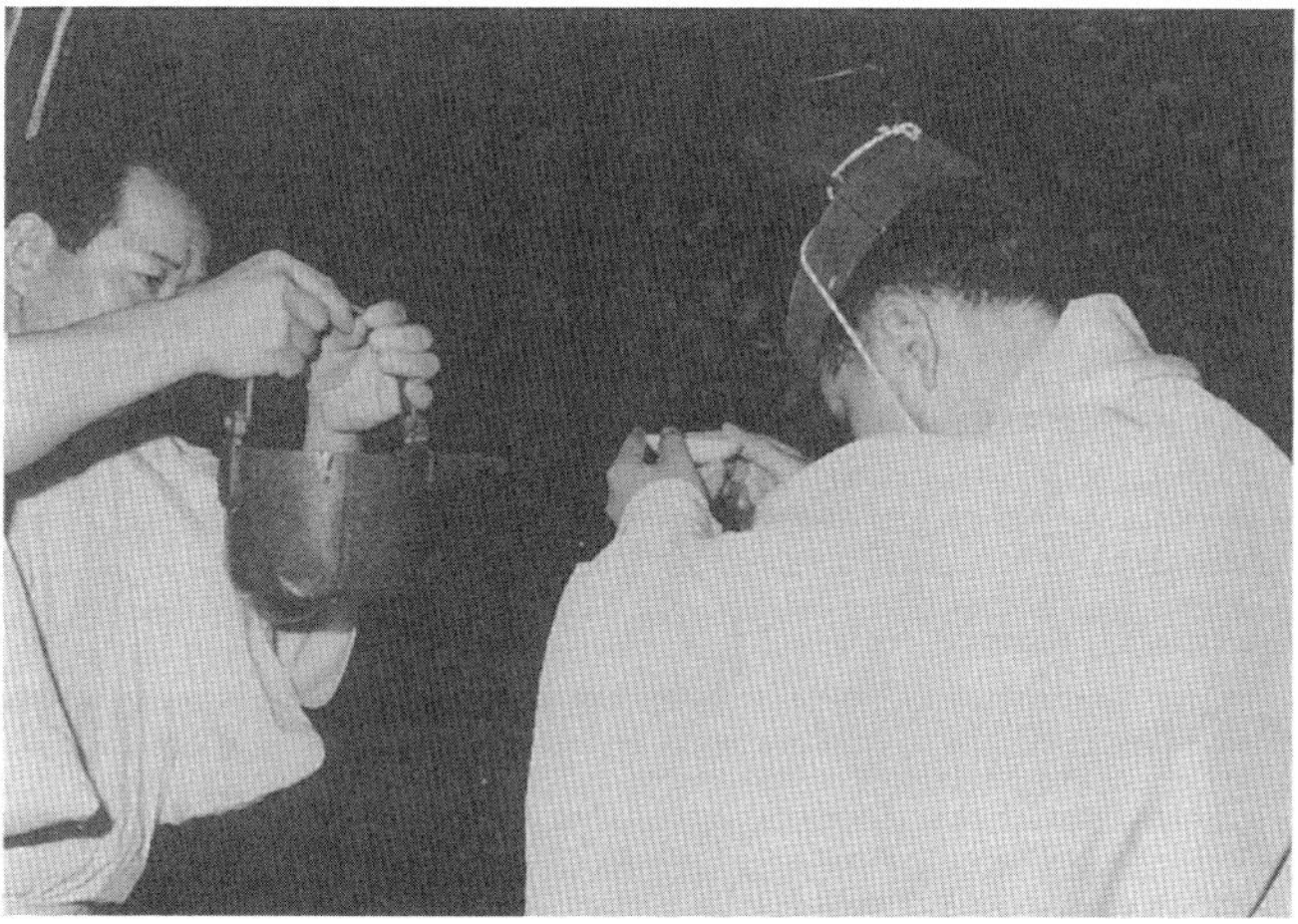

図16⑮　神送り神事（一夜御水）

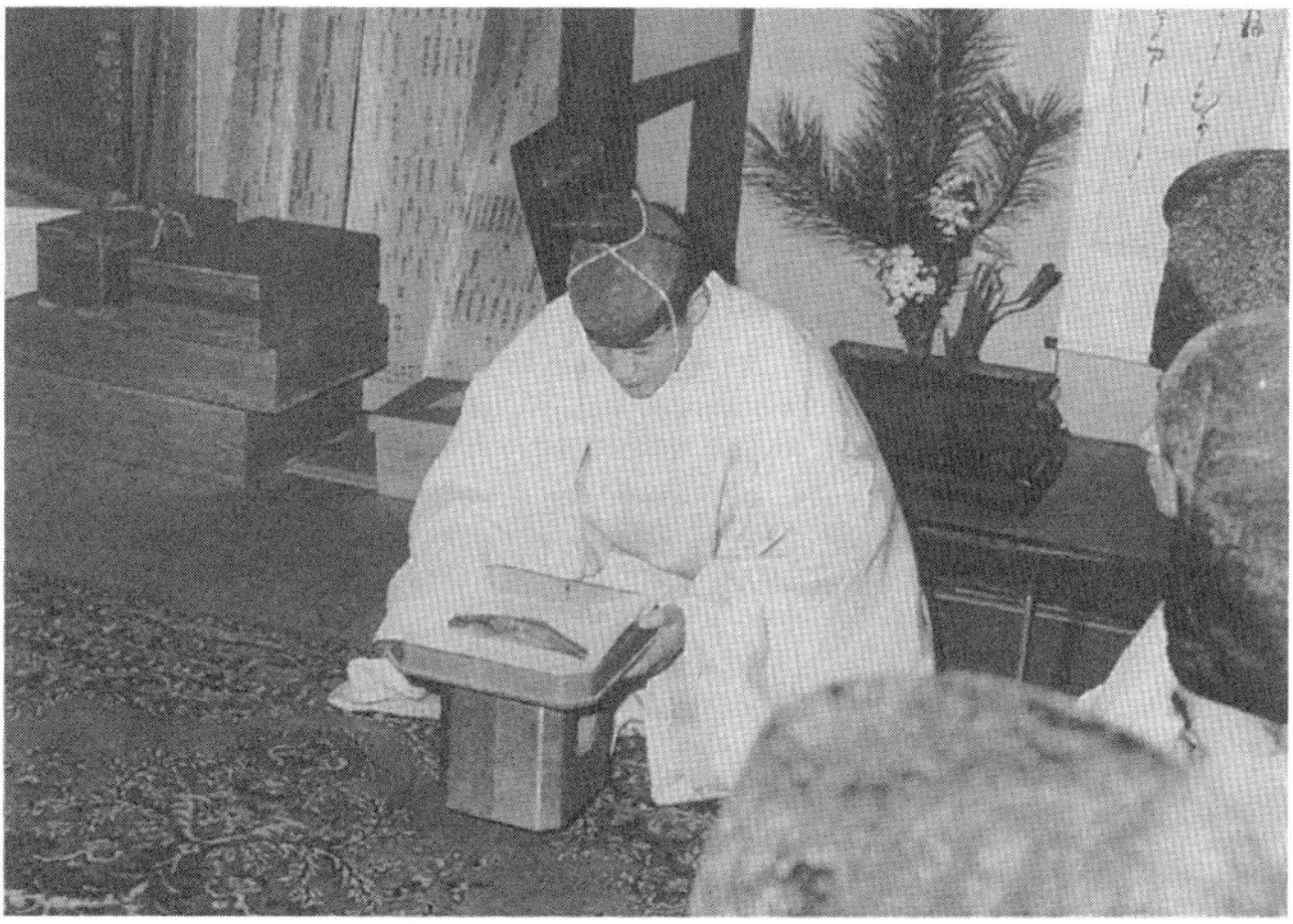

図16⑯　同上（鰹節捧拝）

図16⑰　神送り神事（一同捧拝）

を祭主に手渡す。祭主はこれを捧げて拝す。

⑰ついで順々に一同これを捧げ拝して一巡し、再び祭主の妻がその三方に載せた鰹節を床の間に置く。一同拝礼し、以上ですべての神事は終了する。このあと一同酒肴でねぎらうが、すでに時刻は午前零時を過ぎている。

## 神在祭の構成

この神在祭の構成を単純化して要点を整理すると次のようになる。注目されるのは、第一に海荒れの激しい季節である旧暦十月の神無月に浜辺に寄り来る海蛇を龍蛇様として迎える神事であるということ、第二にこの海蛇の龍蛇様を迎えるに当たっては神職一同をはじめ非常に厳しい物忌みが課されるということ、第三にこの海蛇の龍蛇様は迎えられたあとその骸軀《むくろ》は残されながら、その一方、霊的部分は神籬《ひもろぎ》に依《よ》り坐《ま》させて神ノ目山上から船出の神事によって三羽の鳥を水夫として送られるということ、である。そして疑問のその一は、この第一、第二の点に関係するが、厳しい物忌みが強調されながらもその一方ではこの海蛇の龍蛇様に対する特別な神饌が用意されていないということである。迎えられる神には固有の神饌が用意されてよいはずなのに肝心のそれがない。儀礼的にもそれが伝承されていないのである。ということは、この神事は基本的に、神迎え―祝詞・饗応―神送り、という構成ではなく、海から寄り来るものを恵みの財物と受け取る海岸漁村に特有の寄物《よりもの》信仰、寄神《よりがみ》信仰（小林忠雄・高桑守史『寄り神と海の村』一九七三年）に近いものであると理解される。寄り来る龍蛇はそのまま恵みの財物であり霊異物であり、その霊威力を受け取る神事ということになる。だからこそ、第三の点に関係するが、その骸軀は残されて霊験あらたかなお守りとして保存されるのである。

このような海蛇を龍蛇神として迎えて祭る神在祭は、この出雲地方では佐太神社に限ったことではなく、出雲大社や日御碕神社にも伝えられてきており、さらにこの出雲の龍蛇神の信仰が石川県金沢市の金沢神社にも伝えられている（小倉学「金沢神社の白蛇龍神考」『加能民俗研究』四、一九七五年）。

しかし、第三の点に関する疑問その二が残る。寄神として迎え祭られるのであれば迎えることで完結されるはずであるのに、なぜその龍蛇様の肝心の霊的部分が神籬に依り坐せられて神ノ目山上から船出の神事によって送られてしまうのか。海から迎えた龍蛇様をその骸軀は残しながら肝心の霊的部分はなぜ神籬にのりうつらせて神ノ目山上からいずこかへ送るのか。これが疑問その二である。

その点について考える前に、この神在祭の歴史について確認しておくことにする。

# 神在祭の歴史

## 神無月と神々の出雲参集

出雲の神在祭の歴史についてはすでに、石塚尊俊（『神去来』一九九五年）、井上寛司（佐太神社における『神在祭』の成立」教育研究学特別経費による研究報告　一九九一年、「中世佐陀神社の構造と特質」『佐太神社』一九九七年）、品川知彦（「佐太神在祭考」『論集（印度学宗教学会）』23号、一九九六年、同「出雲神在祭の歴史と解釈」『出雲大社の祭礼行事』一九九九年、「神々が集う―出雲神在祭―」（石塚尊俊、品川知彦ほか）『古代出雲文化展図録』一九九七年、品川知彦は多くの文献を渉猟して詳細な追跡を試みている。それらの研究があり、とくに旧暦十月の神無月《かんなづき》に神々が出雲に集まるという伝承の初見は、院政期の藤原清輔の歌学書『奥義抄』

（保延年間〔一一三五〜四一〕成立か）にある「天下のもろもろの神、出雲国にゆきてこと国に神なきが故にかみなし月といふをあやまれり」という記事とされている。しかし、鎌倉時代末の『徒然草』（元徳二年〔一三三〇〕〜元弘元年〔一三三一〕ごろ成立）には「十月を神無月と云て、神事に憚るべきよしは、記したる物なし。本文も見えず。但、当月、諸社の祭なき故に、この名あるか。この月、万《よろず》の神達太神宮へ集り給ふなど云説あれども、その本説なし。さる事ならば、伊勢には殊に祭月とすべきに、その例もなし」とあり、卜《う》部《ら》兼好《べけんこう》は伊勢に神々が参集するという一説を紹介するものの、出雲参集のことにはまったく触れていない。

一方、釈由阿《しゃくゆうあ》による『万葉集』の注釈書『詞林采葉抄』（貞治五年〔一三六六〕以前成立）には、神無月は出雲では神在月といい、「其神在浦に神神来臨の時は少童の戯に作れる如くなる篠舟波の上に浮ふ事不可及筭数一諸神は彼浦の神在の社に集り給ひて大社へは参り給はすと云　彼の神在社は不老山と云所に立給ふ　神号をは佐太大明神と云也　是則伝奏の神にて座すとかや　大社は杵築明神と云別当をは国造と申す云々　或人問曰此大社は素盞烏尊にて座とかや然るに日本国の神々御祖神の如く尊崇し奉り参集し給ふ事誠以不審也□□□　伊弉諾尊伊弉冊尊の二神こそ天神地祇の御祖にて在座す　亦は天照太神をも宗廟の神にて在座せば尤も尊敬あるへきに第四の御子にて在座すをは何故に祖神の如く成す事や如何」と記している。

これらから判断すると、十四世紀ごろまでは神無月の出雲への神々参集の伝承は一部の歌学研究の関係者たちの間では早くから語られていたものの、必ずしも一般に流布したものではなかった可能性が高い。

そして、ここで注目されるのは、第一に、神々の出雲参集は御祖神を尊崇して参集するものだと考えられている点、そして、第二に、御祖神は伊弉諾尊《いざなぎのみこと》・伊弉冊尊《いざなみのみこと》の二神であるのになぜ出雲の素盞烏尊《すさのおのみこと》のもとへ参集するのかという疑問が提示されている点、第三に、その出雲大社の祭神は『日本書紀』以来大国主神であるのになぜ素盞烏尊であるとしているのかという点、である。この三点は、『記紀』、『風土記』などを基本史料とする現代の歴史学の知識からすればいずれも仮構的なものである。その仮構的な解釈がいつどのような理由で語られるようになったのかは今後の追究が必要であるが、少なくともこれが当時の『万葉集』研究の現場において流通していた一つの解釈であると位置づけておくことはできる。

佐太神社の側でもはやくからそれに呼応する伝承が形成されていたらしい。それは、明応二年（一四九三）の「佐陀大社縁起」（『新続佐太神社資料』）の記事によってわかる。

当社七不思儀《(ママ)》之事

（中略）

一第六二、立蛇《(龍)》夫婦伊弉諾浜へ上ル事。龍宮ヨリ二柱ヱ御祈物ト成リ、昔ヨリ今ニ不レ絶。立蛇《(龍)》右之浜ヱ上ル事、是神秘也。

一第七二、四・拾月ニ神送之神事是有ル。神タチ乗船拾八船之舟一船モ此地ニ無事、諸神乗残セ給《(不脱カ)》トテ、船不レ見事神秘也。亦高《(天)》間原ニテ諸神之船部ヲヨブ。此声、人アリ。聞テ其人夫婦死ル。諸神イタハシク思食、鳥ニ祭替テ、今ハ鳥夫婦死ス事、是神秘也。

「佐陀大社縁起」（『新続佐太神社資料』）

**卜部吉田家による新解釈**

つまり、十五世紀末の段階ですでに佐太神社でも、その祭神はイザナギ、イザナミの二神であり、諸国の神々が出雲へ参集するのは親孝行の意味があると解釈される状況となっていたのである。そして、十六世紀前半の卜部吉田家の撰になる『日本紀神代抄』は、神無月の意味についてさらに新しい解釈を提示している。「(伊弉冊尊) ハ一年ノ中ニ生滅ヲアラハシテ十月ニ死テ十一月ニヨミカヘリ給フ　十月ヲ神無月ト云ハ此ノ謂也」とあり、神無月の意味をイザナミの死と蘇生によると述べているのである。これらの記述は、先の『詞林采葉抄』のころからいわれていた神々の出雲参集は神々の祖神イザナギ・イザナミへの尊崇のはずであるとする考え方に対応するものである。その後、天正六年（一五七八）の「佐陀社内証記」（『神道大系』神社編36）も「佐陀太明神ト者伊弉諾伊弉冊ノ尊也」と記し、佐太神社の祭神をイザナギ・イザナミとする解釈は定着していく。

しかし、佐太大神は『出雲国風土記』によれば、加賀の神埼の窟で誕生した神であり、母神は枳佐加比売命《きさかひめ》で父神は黄金の弓矢として示現する麻須羅神《ますらがみ》である。イザナギ・イザナミとはまったく関係がない。また、イザナギは近江の多賀大社に祭られる祭神である。

それが、このように佐太神社の祭神とされ、十月神無月をイザナミ崩御の月とする説が提唱されていった背景としては卜部吉田家による新しい解釈の普及があったのではないかと考えられる。なぜなら、先の「日本紀神代抄」は十六世紀前半の吉田家の撰になるものと推定されるものであるし、また、後世の寛文四年（一六六四）の刊ではあるが、『日本書紀神代合解』三（富家文書、島根県教育委員会蔵）に、「兼倶曰［日本紀神代抄］十月に崩御スルソ去ホトニ十月ヲ神無月ト云ソ」と、吉田兼倶（一四三五〜一五一一）の解釈とする記事がみられるからである。そして、このような理解は近世においても知られていたようで、占部兼武の『神祇道服忌令秘抄』（正保二年〔一六四五〕、『続群書類従』第三輯下）にも「神無月ト号スルハ陰神ノ崩御ノ月」とあり、貝原好古の『日本歳時記』（貞享四年〔一六八七〕）には「占部家の説に、此の月は陰神崩御の月なれば神無月といふ。陰神とは伊弉冊尊をいふとあり」とある。このト部吉田家の関与については、先の品川知彦もその論文（「佐太神在祭考」前掲）で慎重な言い方ではあるが、すでにその可能性を指摘している。

一方、神在祭に関する記録の古いものとしては、先の「佐陀大社縁起」が記した「立蛇」の記事が注目され、さらに、永正九年（一五一二）の「佐陀社頭覚書断簡」（『神道体系』神社編36）が注目される。

> 佐陀太明神者天地開闢曩祖陰陽最初元神伊弉冊尊也（中略）異国ノ諸神集給事須旃南方諸国日本国中大小神祇毎年十月必趣二当社一自二十一日一至二廿五日一集而不レ散毎レ歳自二異国一献者有二二ノ蛇一（中略）当社者本朝宗廟諸神父母故ニ諸神為レ顕二孝行之義一（中略）神在之時不レ鳴鐘不レ打鼓高不レ打レ鼓高不レ誦二経陀羅尼一事
>
> 「佐陀社頭覚書断簡」（『神道体系』神社編36）

つまり、先の「佐太大社縁起」やこの「佐太社頭覚書断簡」によれば、当時は龍蛇は二匹夫婦であがるものとされていたことがわかる。そして、船出の神事に関して現在まで神職の間で語り継がれている佐陀領内の鳥が二羽死ぬという伝承もこのころすでに存在していたことがわかる。その後、天正八年（一五八〇）に尼子の遺臣河本大八が著した『雲陽軍実記』（島根県郷土資料刊行会、一九七三年）は、さらに神無月と神々の出雲参集の解釈をまとめあげ、それが以後流布していくことになる。「佐陀は冊尊の御陵、出雲伯耆の境簸波山とは此所を指申也、伊弉冊尊十月神避ます故諸神等の母神なれば八百万の神、十月は皆佐陀の神有浜へ来り玉ふと謂心にて諸国は神無月と申候へども、出雲斗《ばか》りは神在月と称し（中略）、去れば龍宮より使者（中略）龍蛇此神在の浜へ、また大社等へも波上より上り、則宝殿に奉籠」と記す。つまり、十月はイザナミが亡くなった月で諸神はその母神のもとに参集するのであり、龍蛇は龍宮からの使者として神在の浜へまた大社等へも波上より上り宝殿に奉納されるのだとする説明である。

## 八岐大蛇との付会

龍蛇祭祀の初見は先の明応二年（一四九三）の「佐陀大社縁起」と考えられるが、神在祭と龍蛇祭祀は決してこのころに創始されたものではなく、それより古くから行われてきたことは十分想定できる。ただそれがいつの時代から行われてきたものかという年代の確定は困難である。先の十四世紀半ば成立の『詞林采葉抄』の「其神在浦に神神来臨の時は少童の戯に作れる如くなる篠舟波の上に浮ふ事不可及筭数」という記事からも神在浦に神々が来臨するということであるから龍蛇の来臨を暗示している可能性もある。年代は特定できないが神在祭と龍蛇祭祀は密接不可分のものとして古くから行われていたものと考えておくことにする。

この神在祭と龍蛇祭祀にまた新しい解釈を示すのが、寛文七年（一六六七）の白井宗因の『神社啓蒙』（『大日本風教叢書』第八輯、一九二〇年）である。

社記に曰く（中略）伊弉並尊は当国に崩じたまふ。遂に足日の山麓に葬る。神紀に所《いわ》謂《ゆ》る比婆山は蓋し此の地ならん（中略）曰く神在の祭とは奈何。曰く社説に曰く伊弉並尊功既に成りて後ち、十月を以て神避りたまふ。御子素盞烏尊幼にして其妣《そのはは》を喪ふを悲みて遂に此の地に来る。簸川《ひのかわ》の上に人を害するの蛇ありと聞いて、徒行て之を制す。其言載《すなわ》ち以て明白なり。（中略）毎歳の十月当宮と御碕とに錦紋の小蛇海上に浮び来る。而して未だ其の信を失はざるなり。且つ伊弉並尊は群神の尊妣《そんひ》たるに依る。当月一切の神祇会集して孝行の義を存するもの乎。問ふ、世伝に十月を神無月と称して曰く（中略）夫れ天下は神無月と称し、出雲は特に神在の月と称す。蓋し陽月と称するの類なり。十月は陰極の時にして、雲州又極陰の地なり。所謂る諸神会集すると云ふは、蓋し陽伏之義耶。

ここで、新しく付加されたのは、龍蛇祭祀とスサノオの八岐大蛇退治の神話との付会である。

そして、佐太神社に伝えられる寛文八年（一六六八）の『佐陀神社記』（佐太神社所蔵、勝田勝義『鹿島町史料』一九七六年。白井宗因自著の可能性あり）にも、「錦小蛇二枚毎年乃神集乃日仁浮到連利、此素盞烏尊乃公民能悩止成留悪神於簸川乃上仁真伝斬給布信乎示者也」と、龍蛇祭祀とスサノオの八岐大蛇退治の神話との付会がみられる。

この龍蛇祭祀と八岐大蛇退治との付会は、『神道名目類聚鈔』にも引き継がれる。『神道名目類聚鈔』は元禄十二年（一六九九）の序をもち元禄十五年（一七〇二）に版行されたが、流布したのは正徳四年（一七一四）の再版本とされる。著者は匿名で城西野殿某とするが、卜部吉田家の学頭匹田以西をあてる説が有力である。その巻五祭祀部・神官部の「加羅佐手《からさで》神事」の項（佐伯有義校訂本、一九三四年）に、「当社は伊弉諾、伊弉冉の鎮座なり。是諸神の太祖の神にまします。十月は陰神伊弉冉尊崩ます月なれば、諸神此社に会集給。是故に、当所に於て当月を神在月と云。此神事に種々神異あり。就中《なかんずく》、十一日より十五日の間に、海上より小虵一疋白浪に乗て浜辺に寄来る。是海神より佐陀社に献上物なりと云。大さ一尺はかり金を以彩色か如く甚美麗なり。是を龍蛇と云。神官等潔斎して浜に出て其来るを待て海藻を以手に受く、龍蛇来て其藻の上に曲居、則神前に備進、往古より今に至て例年絶ず、誠に神異の事なり。是を加羅佐手の神事と云。一説に素盞鳴尊簸之川上にて八岐大虵を退治し給し由意を後世に示の儀と云」と記している。

しかし、この龍蛇祭祀と八岐大蛇退治との付会にはやはり無理があったらしく、寛保三年（一七四三）の菊岡沾涼《せんりよう》『諸国里人談』（『日本随筆大成』第二期二四、一九七四年、四二七〜四二八ページ）のころになると、「十月十一日より十五日までの間に、沖より一尺ばかりの小蛇一疋、浪にのりて磯に寄。（中略）これを龍蛇といふなり。（中略）是海神より佐陀社へ献《たてまつ》るものなり」というのみで、八岐大蛇退治への付会はみられなくなってくる。そして、その後現在に至るまで龍蛇祭祀と八岐大蛇退治との付会はまったく行われていない。

以上のような神在祭の歴史の追跡によって判明するのは、中世から近世にかけての出雲の神話や祭祀儀礼に対する理解はすべてイザナギ・イザナミを中心とみる京都における歌学および神道研究の立場からの解釈が中心となっており、古代の文献である『古事記』『日本書紀』『出雲国風土記』が伝えるところの現地の大国主神や佐太大神がまったく無視されているということである。そして、一時的ではあるにせよ近世においては、龍蛇と八岐大蛇とが牽強付会される事態さえ起っていたのである。

出雲地方の中世史研究のなかで出雲大社（杵築大社）の神在祭の歴史を追跡した井上寛司（『大社町史』上巻、一九九一年、および前掲書）は、杵築大社の神在祭には二つのタイプ、つまり平安末・鎌倉期以来の神在祭とそれがいったん廃絶してあらためて戦国期に成立した神在祭とがあるといい、前者は出雲国内を対象とした地域的な祭礼で素朴な田の神の去来信仰に基づく一般的な神送り神事であったのに対して、後者は全国から神々を迎え送り出すという全国規模の信仰をともなう出雲国特有の神事となったとして、佐太神社の神在

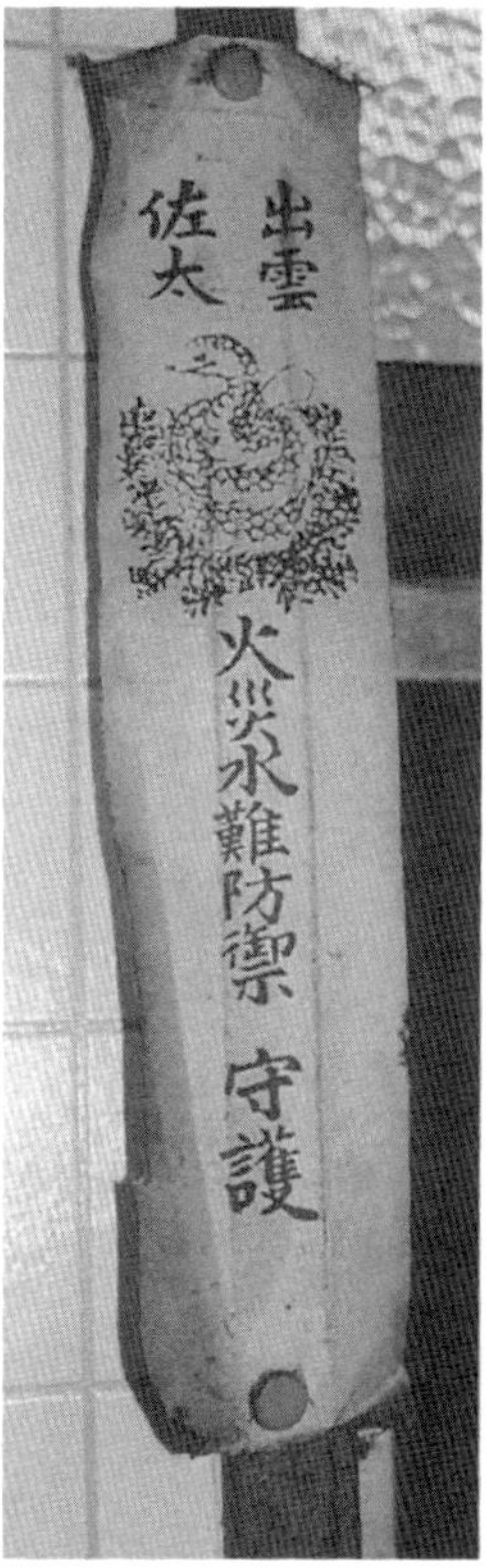


図17　龍蛇様のお札（家庭の台所に貼られている）

祭においても同様なことがいえるとのべている。しかし、佐太神社の神在祭については、先の『詞林采葉抄』の記事からみてもすでに南北朝期から神々が神在浦に来臨し神在社へと参集するという伝承が存在したことは明らかであり、その神在祭の伝承性継続性こそ推定され、その中絶廃絶や復興を明示する資史料は確認できないというのが現状ではないか。今後の検証が待たれるところであろう。

ここでは、以上のような中世から近世にかけての多様な解釈論の展開を概観した上で、あらためて古代の文献と現代の祭祀伝承との両方から神在祭の意味を掘り下げてみることにしたい。

# 儀礼と神話

神在祭《かみありまつり》の構成は、海上来臨する海蛇を龍蛇様《りゅうじゃさま》として迎えその骸軀《むくろ》を霊威の力ある霊物（フェティーソ）として保存する一方、神霊は神ノ目山の上から船出の神事で送るというものである。そこには、肝心の佐太神社の祭神である佐太大神の登場が見られない。これが佐太神社にとっての最重要神事である神在祭における最も大きな疑問である。そこで『出雲国風土記』が伝える加賀の神埼における佐太大神の誕生譚に注目してみる。

## 佐太大神誕生譚

加賀の神埼、即ち窟《いわや》あり。高さ一十丈ばかり、周り五百二歩ばかりなり。東と西と北とに通ふ。謂《い》はゆる佐太の大神の産《あ》れまししところなり。産れまさむとする時に、弓《ゆみ》箭《や》亡《う》せましき。その時、御祖神魂命《みおやかみむすびのみこと》の御子《みこ》、枳佐加比売命《きさかひめのみこと》、願《ね》ぎたまひつらく、「吾《あ》が御子、麻須羅神《ますらがみ》の御子にまさば、亡《う》せし弓箭《ゆみや》出《い》で来《こ》」と願《ね》ぎましつ。その時、角《つの》の弓箭《ゆみや》水の随《まにま》に流れ出でけり。その時、弓を取らして、詔りたまひつらく、「此の弓は吾が弓箭にあらず」と詔《の》りたまひて、擲《な》げ廃《う》て給ひつ。又、金の弓箭流れ出で来けり。即ち待ち取らしまして、「闇欝《くら》き窟《いわや》なるかも」と詔りたまひて、射通しましき。即ち、御祖支佐加比売命の社、此処に坐す。今の人、是の窟の辺《ほとり》を行く時は、必ず声磅礚《とどろ》かして行く。若し、密かに行かば、神現れて、飄風《つむじ》起り、行く船は必ず覆へる。

この『出雲国風土記』が伝える佐太大神誕生譚は、弓矢が男性を象徴し聖なる女性がそれを手にすることによって受胎し御子神が誕生するという神話の一例である。これと類似の神誕生譚として知られているのが、『記紀』の伝える大和国の三輪山の丹塗《にぬり》矢伝説であり、また『山城国風土記』が伝える賀茂別雷神の誕生譚である。それらを表4のように整理してみる。弓矢を手にした聖なる女性の受胎と御子神誕生の神話においては、弓矢は例外なく男性を象徴するものであるが、具体的な存在形態としては三輪山の丹塗矢伝説の場合には蛇体もしくは八尋熊鰐《やひろわに》と表現されており、賀茂の場合には火雷神と表現されている。そこで、『出雲国風土記』の描く海を流れてきた黄金の弓矢の場合、その名は麻須羅神で

図18　加賀の潜戸

表4　弓矢と神婚

| 伝承地 | 出典 | 伝承内容 |
|---|---|---|
| 出雲 | 出雲国風土記 | 枳佐加比売<br>├──→佐太大神<br>黄金の矢（麻須羅神） |
| 大和 | 古事記 | 勢夜陀多良比売（三島溝咋の女）<br>├──→富登多多良伊須須岐比売（神武妃）<br>丹塗矢（美和の大物主神） |
| | 日本書紀 | 玉櫛姫（三島溝橛姫）<br>├──→姫蹈鞴五十鈴姫（神武妃）<br>八尋熊鰐（事代主神） |
| 山城 | 山城国風土記 | 玉依比売<br>├──→可茂別雷神<br>丹塗矢（火雷神） |

表5　海上来臨と山上奉祀

| 伝承地 | 出典 | 伝承内容 |
|---|---|---|
| 出雲 | 出雲国造神賀詞 | 大穴持<br>｜<br>和魂──→大御和の神奈備（倭大物主） |
| 大和 | 古事記 | 大国主<br>｜<br>海を光して依り来る神──→御諸山 |
| | 日本書紀 | 大己貴神<br>｜<br>光照らして海を浮かび来るもの（幸魂・奇魂）──→日本国の三諸山（大三輪神） |

あるが、具体的には龍蛇を表現しているのではないか。そして、その黄金の弓矢で闇欝《くら》き窟《いわや》を射通したというのも象徴的な表現である。先の『神道名目類聚鈔』は「大さ一尺ばかり、金を以彩色か如く甚美麗なり」と記している。また、実際に今日まで迎えられてきた龍蛇は、海蛇の種類からいえば、上田常一『出雲の龍蛇』（園山書店、一九七二年）によれば琉球列島海域に生息するセグロウミヘビであるといい、背は黒く腹は黄色で海流に乗って低温化した海水の中で荒波に揉まれ島根半島沿岸に近づくころには動きはもはや鈍くなっている。そして、漁船の照らす灯火を慕って寄り来る時には、鮮やかな黄金色に見えると漁師の人たちは異口同音にいう。龍蛇をあげた経験のある漁師の人たちによれば、その三角形の顎やするどい歯からみて猛毒をもつ海蛇だと思われるが、何しろ動きが鈍いので嚙まれることはないといい、ただ一週間以上も空気中で餌もなく生きておりその生命力の強さには驚かされるという。

キサカヒメという聖なる女性を母神として、黄金の弓矢の姿で示現した麻須羅神を父神として加賀の神埼の洞窟で誕生したのが佐太大神であるが、その黄金の弓矢とは海上来臨する龍蛇を神話的に表現したものではないかと考えられるのである。

なお、神話と儀礼の関係については、古典的ないわゆる神話儀礼学派（ロバートソン・

スミス『セム人の宗教』一八九四年、ジェームス・フレーザー『金枝篇』全一三巻　初巻一八九〇年、追補一九三六年、セオドー・ガスター『テスピス』一九五〇年など）による、すべての神話は儀礼の説明として生まれた、というような議論も知られているが、ここで、それを援用しようというのでは決してない。その後の神話研究の深まりは、C・レヴィ＝ストロースの圧倒的な仕事（『神話論』全四巻・『生のものと火にかけられたもの』一九六四年、『蜜から灰へ』一九六七年、『テーブル・マナーの起源』一九六八年、『裸の人』一九七一年）が思い知らせてくれている。重要なことは神話の多義性であり、複数の立場からの解釈が神話の多様な側面を浮き彫りにするであろうということである。神話は時代や地域を超越する普遍的な側面とそれに規定される特殊的な側面とをともに含んでいるのであり、神話と儀礼との結びつきは個々に検討されるべき問題として残されていると考えるのである。

## 海上来臨と山上奉祀

さらにもう一つの仮説である。それは、『古事記』『日本書紀』の神話に書き残されただけでなく、実際に古代国家の宮廷において唱えつづけられた「出雲国造神賀詞」の中に記されている大国主神の国作りに霊威を表わした神霊についてである。大国主神の国土平定事業に霊威を発揮したのは海上を照らして寄り来たった神であり、それは大己貴《おほあなむち》の幸魂《さきみたま》・奇魂《くしみたま》また和魂《にぎみたま》とも表現されている。そして海上より来臨したその神霊は大和の三輪山に奉祀されて大和王権を守護する神霊となったという。その三輪山の神、大物主こそ蛇体の神なのである。そこで先にのべたこの神在祭の構成における疑問のその二に関わることとして注意してみたいのは、海上来臨する海蛇を龍蛇様として迎えたのち、その神霊を神ノ目山上から船出の神事でいずこかへ送るという神在祭の構成と、古代神話において出雲の大国主神の国土平定事業に際して海上来臨して霊威を発揮した幸魂・奇魂もしくは和魂を大和の大三輪の「神奈備《かむなび》」に送り奉祀したという神話の構成と、両者がきわめて類似しているという点である。この神在祭の神事と出雲神話との類似は、神話世界が神事儀礼によって再生されつづけているという仮説を導く。この神在祭と出雲神話の場合には、両者の基盤に古代から現代へと続く出雲世界の寄神信仰が存在する。そしてそれが古代において大和王権によって神話的王権秩序の説明世界へと組み込まれた結果が大和の三輪山に奉祀された蛇神の神話伝承であると考えられるのである。神在祭はその構成からみる限り、古代出雲の国作り神話における神霊の海上来臨と山上奉祀の物語を儀礼的に再生しつづけている祭りであると位置づけることができるのではなかろうか。

# 龍蛇祭祀の意味

ここで論じたことをまとめておくと、およそ次のようになる。

**古代出雲の神話世界**

(1) 古代出雲世界は、大和王権にとっては不気味な蛇神祭祀の習俗を保持するものとイメージされていた。

(2) 佐太大神の誕生譚にみえる黄金の弓矢は龍蛇神を象徴的に表現している可能性が大である。

(3) 大国主神の国土平定事業に際して海上来臨し霊威を発揮した幸魂・奇魂・和魂が大和の大三輪に奉祀されたという神話の構成は、神在祭の龍蛇神の海上来臨と神ノ目山上から船出する神事の構成と類似しており、神話世界が神事儀礼によって再生されつづけているというしくみをみてとることができる。

## 神在祭の意味

(1)　神在祭はその構成からみると海岸漁村の寄神信仰の一つの展開例と位置づけることができる。

(2)　旧暦十月を神無月といって出雲に神々が参集するという伝承は少なくとも十二世紀ごろから存在したが、その後卜部吉田家の関与によりまったく新しい解釈が行われるようになった。それは、神無月というのは諸神の祖神であるイザナミが崩じた月である、出雲の佐太神社はその祖神であるイザナミを祭神とする、諸神参集は母神への孝行のためである、龍蛇祭祀は八岐大蛇の神話を後世に示すためである、などという創作に満ちたものであった。しかし、それらの大部分は伝承としては廃れていった。

(3)　龍蛇祭祀の初見は明応二年（一四九三）の「佐陀大社縁起」であるが、その始源は『詞林采葉抄』の記事からは南北朝期へ、さらには『出雲国風土記』の佐太大神誕生譚から推定すれば、古代にまで遡れる可能性がある。

# 人身御供と成女式

# 見付天神社の裸祭

## 歴史的都市見付

静岡県磐田市見付は古代律令政府が遠江国《とおとうみのくに》の国府をおいた古い町である。鎌倉時代には京と鎌倉を結ぶ主要な宿駅でもあり守護所もおかれた。また、戦国時代には今川氏の支配に抗して自由を守った自治都市であった。江戸時代には東海道五十三次の主要な宿場町としての機能を果たした。町を東西に横切る旧東海道の道すじやそれに面してならぶ家並み配置や本陣跡、それに宿場はずれの一里塚や三本松の刑場跡などは、そうした宿場としてのこの町の歴史を今によく伝えている。この見付の町は日本の都市の歴史の典型的な標本ともいえるような町であり、義江彰夫の詳細な研究（「国府から宿町へ」『歴史と文化』XVI、東京大学教養学部人文科学科紀要第八七輯』、一九八八年）がある。

宿駅としての性格から、この町は東西の方向感覚を基軸とする伝承が顕著である。町内の呼称も西坂と東坂、寺も西光寺と東光寺、見付天神社の祭礼における御旅所も三本松と境松という東西のはずれに一ヵ所ずつ設けられ、神輿《みこし》は街道沿いにいったん西の境松の御旅所へ行ってまた東の三本松の御旅所へと引きかえしてもどってくる。

しかし、その一方で、この見付の町は、北に磐田原台地の丘陵地帯を背負い、南に今の浦の低湿地帯とその先に遠州灘をのぞむという地形的環境の中に立地している町でもある。後背の台地南端が数列の浸蝕谷によって削りとられ、残った数本の舌状丘陵が、北から南へ向かってのび出しているちょうどそのふところのあたりにこの見付の町は立地している。そして、中央の丘陵先端部に淡海国玉神社が祀られ、東北方向に背後からのび出してきている舌状丘陵の先端部に祀られているのが見付天神社つまり矢奈比売《やなひめ》神社である。そして、西北方向にのび出してきている舌状丘陵の先端部に営まれていたのが平成元年（一九八九）の工事によって失われた一の谷の中世墳墓群であった（網野善彦・石井進編『中世の都市と墳墓』一九八八年）。

見付天神社は矢奈比売神社ともいい、この矢奈比売神社という名前の方が古くからのものである。矢奈比売神社の初見は『続日本後紀』承和七年（八四〇）六月二十四日条の「奉授遠江国周智郡无位小国天神、磐田郡无位矢奈比売天神従五位下」という記事で、『延喜式』神名帳にもその名が載せられている。また、一条天皇の正暦四年（九九三）に京都の北野天神をこの矢奈比売神社に勧請《かんじょう》したといい伝えており、見付天神社という呼称はそれによるという。今も祭礼の衣装などには北野天神にちなんだ紅梅の紋が染めぬかれている。

### 裸祭の執行次第

この神社に古くから伝えられているのが裸祭である。裸祭は毎年旧暦八月十日から十一日にかけて（現在は九月五日から六日）行われている見付天神社の最も重要な祭礼である。その調査成果としては、茂木栄による調査（『磐田の民俗』一九八四年）が詳しい。私が最初に見学したのは昭和六十二年八月の祭礼であった。その執行次第はおよそ以下のとおりである。

八月二十九日（旧八月一日）ミシバトリ　早朝、神職たちが矢奈比売神社境内でミシバ（榊）をとる。本来は元天神社で行っていたものである。

八月三十日（旧八月二日）元天神社での神事　午後、神職・神社役員・お先供《さきとも》（白丁《はくちょう》姿で神輿の先に立ち道具をもち歩く人たちで、世襲の役目）が元天神社へ行って執行する。

図19　矢奈比売神社（写真提供　磐田市教育委員会）

図20　霊犬　悉平太郎の銅像（同上）

本来はここでミシバトリが行われるものであった。
道具作り　同日午後、矢奈比売神社では注連縄《しめなわ》・腰蓑《こしみの》・祓串《はらいぐし》などの道具を作る。
お日待ち　同日夕方、お先供の人たちを中心に飲食。この間、ミシバオロシの榊立ての係をくじびきで決める。
ミシバオロシ（オミシマサマ）　同日深夜、神職とお先供の人たちが神事のあと町内で決まっている十三ヵ所に榊を立ててまわる。この間、町中の電灯が消される。
九月二日（旧八月七日）浜垢離《はまごり》　まずお先供の代表の数名が小型トラックに鉾と大榊をのせて先に出発し、途中、大原の大杉家に立ち寄り大杉家の当主が事前に漁っておいた命《みょう》の魚《うお》と呼ぶ鰡《いな》を受け取る。そして後からくるバスを待って一緒に鮫島海岸へ向かう。神職・神社崇敬会・奉仕者ら約四〇名ばかりバスで鮫島海岸へ向かう。昭和二十九年（一九五四）までは今の浦川を舟を連ねていったという。
放生会《ほうじようえ》　松原の所定の位置に注連縄を張り、鉾と大榊を立てて神事を行い、それが終ると桶の中の命の魚を近くの池へ放す。
修祓《しゆうばつ》　浜辺に移動して、鉾と大榊を立てて神事。お先供や御輿かつぎの人々は祓串で頭の上から足の先まで身体をなでて祓い砂浜につき立てる。その後、参列者は白丁姿のまま海に飛び込んで禊《みそぎ》をする。このとき、お先供の代表は小石一二個と浜砂と海水を桶に汲んで持ち帰る。神社の関係者の禊《みそぎ》が終ると、町の人たちや子供が次々と町ごとにまとまって海に入って禊をする。あがって一同ごちそうを広げてにぎわう。

九月四日（旧八月九日）御池の祓い　夜、社前の脇にある池の中央に榊を立てる。神職・崇敬会会長・神社役員・お先供・浦安の舞を奉納する女子・氏子青年会などが参加して神社境内を清める。海水と浜砂をまき全員榊の小枝を庭火で焼く。

九月五日（旧八月十日）宵祭　午前中、矢奈比売神社で神事。

子供練り　夕方、各町ごとに会所前を出発し矢奈比売神社に参り、つづいて総社、つまり淡海国玉神社に参ったあと、それぞれの町へ帰る。子供たちは晒《さら》しを腹に巻き、腰蓑《こしみの》をつけ、上半身は裸。むかしはこの子供練りはなかった。大正初めごろまでは子供は親の肩車にのって参加する者が多かったという。

大人練り　町全体が四つの梯団、つまり、西区（一番触）・西中区（二番触）・東中区（鈴なし）・東区（三番触）に分かれ、それぞれ夜中の九時ころ各会所を出発して、街道を定められたコースに従って西のはしから東のはしまで練り歩いて、最後に夜十一時十分から四十分の間に次々と矢奈比売神社拝殿へと練り込む。ダシ（山車）と呼ぶいろいろな絵を書いた万灯を先頭に上半身裸で、腹には晒しを巻き、腰蓑をつけた姿である。練りながら鈴をふる町内は一番町（西ノ小路）・二番町（北井ノ上）・権現町に決まっており、それぞれ一番町は西区に、二番町は西中区に、権現町は東区に属している。東中区に属している町内には鈴がない。

御霊《みたま》移し　夜中の九時ころ、大人たちの練りが出発するころ、神社では拝殿中央に神輿を据え、宮司らによって御霊移しの神事が行われる。

鬼踊り　大人練りの四つの梯団が順番に次々と拝殿に練り込み、練りまわる。裸で腰蓑姿の男たちが掛け声をかけながらぶつかりあうこの乱舞を鬼踊りといっている。その間、白丁を着たお先供と神輿を担ぐ輿番の者たちは拝殿の奥に待機している。

神輿渡御奉告祭　鬼踊りが続いている奥で、神輿の準備が整えられる。神輿の前の神饌《しんせん》を撤し、浜垢《はまご》離《り》の時に海辺から拾ってきた小石一二個に十二支を書いたものを神輿のまわりにおく。これを拾うと病気をしないとか、お守りになるといってこの小石一二個はすぐに誰かにとられてしまう。そして独特な稲穂籠の神饌を供え宮司が祝詞をあげる。次いで八鈴《やすず》の儀といって天井に吊してある鈴の紐を引いて鈴を鳴らす。これを合図に神職とお先供の人たちが境内摂社の山神社《やまじんじゃ》へ向かう。

図21　裸体の男たちによる鬼踊り（写真提供　茂木栄氏）

山神社祭り　山神社の前で神事が行われる。この間「一番触れ」と叫ぶ声があり、待機していた一番町の若者数名は神職から一番触れの榊を受けて「一番触れ」「火を消せ」と叫びながら参道をかけおり、西坂四角へと向かう。そのあとすぐ同様に二番町が二番触れの榊を受け取った直後、全町の電灯が消され、山神社前の庭火の灯りだけとなる。二番触はやはり「二番触れ」「火を消せ」と叫びながら総社へ向かう。次いで権現町の三番触れも走りおりていく。

神輿《みこし》渡御《とぎょ》　真暗闇となった拝殿内は「ホイサ」「ホイサ」の掛け声の中で裸練りの熱狂が続けられている。その中を神輿は静かに運び出される。おかいこみといって、かつぐのではなく腰のあたりで持つ方法である。大鳥居を出ると肩にかつぐ。行列は、お先供―神職―神輿―（〆切）―裸練りの青年たち、の順で「オシ」「オシ」の掛声とともに総社まで疾走していく。〆切というのは神輿と裸練りの青年たちとの間に入ってうしろから迫る青年たちを時々榊で叩いて間隔をあける役である。〆切は三本松の住人の役であるが、明治のころまでは悉平《しっぺい》五人組と呼ばれた屈強な五人が拝殿の〆切を受け持ったという。神輿が総社に到着すると煙火が上げられ、全町の明かりがいっせいにともされる。

腰蓑納め　裸踊りの青年たちは総社で少し練りまわると腰蓑をはずして納め、各町へと帰っていく。

九月六日（旧八月十一日）大祭　総社本殿祭といって神輿の前で神事が行われる。宮司・市長・崇敬会会長・役員・祭典係などが参列する。

還御　夕方、神輿の前で還御報告祭を行った後、神輿は総社を出て町内をまわり矢奈比売神社へと帰る。行列は、先導役二人―猿田彦一人―大太鼓二人―大榊―御道具（黒幣一〇人・御矢二人―短黒白幣三人・大弓二人・杖四人・金幣一人・半弓二人―小榊二人―長黒白幣一人―大榊一人・白長幣一人）―町人役人―御紋つき幣―大幣―稚児（女の子約六〇人）―神社役員―神職―神輿―各町代表―警固大勢、の順である。いったん西に向かい西坂の梅の木のオミシマサマの立ててあるところで西坂町からの御神酒《おみき》献上《けんじょう》があり、河原町でも同様に御神酒献上がありここでは神饌も献上される。そのあと南に向かい、境松の御旅所に神輿はいったん安置される。ここで神饌、祝詞、玉串奉奠《ほうてん》のかんたんな神事がある。それが終って、再びいま進んできた道をひきかえし、総社の前を通過してこんどは東のはずれの三本松の御旅所へ向かう。三本松の手前の愛宕下でも神饌献上が行われる。三本松の御旅所でも先の境松のときと同様、神事があり、それが終わると、矢奈比売神社へと帰っていく。大鳥居をくぐると、再びおかいこみという方法で神輿をもち、「チンヤサ」「モンヤサ」と掛声をかけながら参道をかけのぼる。神社本殿につくと大勢で喚声をあげながら神輿の胴上げを何度もする。そしていったん神輿は神社本殿を時計回りに一周し、再び正面で何度も胴上げが行われる。

御霊移し　拝殿内に神輿を安置し、まわりに幕を張り、消灯した中で神職により御霊移しが行われる。

還御後本殿祭　宮司以下、拝殿で神事を執行し、すべての終了となる。なお、このあと、必ず雨が降るという。この雨は清めの雨だといい、「御山洗い」といい伝えている。

**鬼踊りの由来伝承**　この裸祭の中の重要な部分を占める若者たちによる矢奈比売神社拝殿での鬼踊りの由来について語り伝えられているのが、悉平太郎《しっぺいたろう》の怪物退治の伝説である。その伝説というのは人身御供《ひとみごくう》の娘を悉平太郎という霊犬が救ったという話である。

そのむかし、この見付の町には人身御供の悲しいしきたりがあった。毎年、年ごろの若い娘を神様にさし出さねばならなかった。しかし、あるとき、旅の僧が野宿してその夜に山の怪物たちが信濃の悉平太郎をおそれていることを聞きおよび、それを町の人たちに告げた。人々は信濃の光前寺に飼われていた悉平太郎という犬を借りうけてきて、その悉平太郎が山の怪物を退治してくれた。そのとき人々が喜びのあまり激しく踊ったのがこの鬼踊りだというのである。その伝説は「矢奈比売神社霊犬像碑文」には次のように記されている。

今は昔、此の見付の町は府中と称《とな》へ、毎年八月初めには、必ず何処からともなく、白羽の矢が一筋、町家の棟高く突き刺され、又此の家には屹度《きっと》年頃の娘があった。此家をば年番と申し、其所《そこ》の娘をば生きながら白木の柩《ひつぎ》に入れ、八月十日の真夜中、一点の灯火もなき真の闇夜に、里人大勢之《これ》を舁《か》き、凄気鬱々《せいきうつうつ》たる山道を上り、此処《ここ》に古くより祀れる天神廟後におろし、韋駄天《いだてん》走りに逃げ帰れば、軈《やが》て天地鳴動して怪神現れ、柩を掻き破り、娘を眺めて嬉々の声を発《はな》ち、是を玩《もてあそ》び遂に食ひ殺すといふ、鬼気骨に迫り、夏尚《なお》寒き人身御供と申す泣き祭りが、毎年繰り返されたのである。

延慶（一三〇八～一〇）の年に一雲水《いちうんすい》が偶々《たまたま》此地に来り、此哀話を聞き、苦心難行の末、遂に妖怪の仕業《しわざ》なるを確かめ、且《かつ》彼等の問答中に、信濃の国の早太郎と謂《い》ふものをば痛く恐怖して居ることも知り、夫《それ》より社主及《および》里人を伴ひ、遙々《はるばる》信濃に入り、遍《あまね》く早太郎を探し、是《これ》を上伊奈郡赤穂村光前寺に索《もと》めたる処、図らずも骨格逞しき猛犬であつた。ここに於て寺僧に詳細其由来を語りて、早太郎を借り受くべく懇請したるに、寺僧は済民の為ならばとて快諾せられたといふ。

次年の人身御供には、娘に代りて早太郎を柩に入れ、例年の如く廟後に置いて帰る。暫《しばら》くにして、山内鳴動して妖怪ども現る。眼光爛々炬《たいまつ》の如く、犀利《さいり》なる白牙は夜目にもしろく、研ぎ磨いた利鎌の爪をもて、みりみりと柩を破るや、突如早太郎身を振はし、踴躍吠嘷其勢当るべからず、奮戦激闘遂に之を噛み殺す。明日里人往《いき》て之を視れば、何れも年古りたる狸の血に塗れたる巨《きょ》屍《しょ》横《よこた》へあり。而《しか》して其周囲の惨状によつて、如何に闘《たたかい》の猛烈なりしかを察知することを得たり。早太郎は幸に健全であつた。爾来《じらい》人身御供の行事絶えたといふ。里人は早太郎の偉大なる功徳に酬《むく》ひ、其冥福を祈るが為に、大般若六百巻を書写し、是を光前寺に納む。今現存してあるのがそれである。

早太郎は、疾風《しっぷう》太郎《たろう》又は悉平《しっぺい》太郎《たろう》と謂ひ、一説には重傷を負ひ此地に斃《たお》れ、里人之を天神の社側に山神として祀れりとも謂ひ、又秋葉街道犬居村、或は阿多古村大宮付近にて死したりとも称へ、又光前寺に於ける霊犬早太郎の碑は、無事帰山を物語るものと謂はれ、諸説紛々として明かでない。

この悉平太郎の怪物退治で喜んだ村人たちが歓喜勇躍して踊ったのが鬼踊りの起源であるといい伝えられているのである。

**裸祭の構成**

この祭礼の構成をまとめてみると、およそ次のような展開が見てとれる。

①旧暦八月二日（本祭の一〇日前）深夜、ミシバオロシといって元天神社から採取してきた榊を消灯した町内の一三ヵ所に挿し立てる。

②旧暦八月七日、遠州灘の海岸に出て浜垢離《はまごり》と修祓《しゅうばつ》を行う。

③旧暦八月九日、神社の御池の祓いで神社境内を清める。

④旧暦八月十日、宵宮。町内の青年たちが裸に腰蓑《こしみの》姿で練りまわり神社拝殿で激しく練り、そのさまを鬼踊りという。

⑤旧暦八月十日、宵宮。山神社での神事を終えて町中消灯した暗闇の中を神輿は矢奈比売神社から総社の淡海国玉神社へと駆け足で渡御する。

⑥旧暦八月十一日、本祭。夕方に神輿は総社から矢奈比売神社へと還御する。まず西の町はずれのお旅所へ行き、ひきかえして東の町はずれの三本松のお旅所へ行き最後に矢奈比売神社へ帰着する。

この裸祭についてのこれまでの研究（清水清明「矢奈比売神社の大祭」『磐田市誌』一九五

六年、石川博敏『見付天神裸祭り記録』一九六二年、熊切正次『見付天神はだかまつり』一九七三年、吉川祐子「矢奈比売神社の信仰と芸能」『静岡県民俗学会誌』6、一九八三年など）のうち主なものとしては、次の二つの見解が注目される。一つは、大林太良の説（「遠州見付天神の裸祭と早太郎伝説」『日本の神話』国民文庫825、一九七六年）で、この祭礼に不可欠な儀礼食としての里芋や粟餅によって象徴される山の畑作文化と、裸踊りの若者たちの腰蓑によって象徴される海の漁撈文化、そして腰蓑の素材である稲藁に象徴される水稲耕作文化、の三者の複合をみることができるという説である。そしてもう一つは、薗田稔・落合偉洲・茂木貞純・茂木栄の説（神社本庁調査部・国学院大学日本文化研究所制作映画『見付天神はだか祭り』）で、①のミシバオロシ、で山の神霊が降りて来て、②の浜垢離、で海の神霊が招かれて、④の若者たちの裸体に腰蓑姿の鬼踊り、は海の男たちが山の生命力を獲得する狂喜乱舞であるととらえ、この裸祭を海と山との交歓による生命力蘇生のための祭祀儀礼であるとみる説である。

これらの説に刺激を受けながらも、まだ残されている重要な部分があることを指摘したい。それは、次のような点に関わる問題である。

ⓐ　かつて元天神社へ榊をとりに行くときには神職・お先供は人目に付かぬように行く

ものであった。そして、年寄りたちの話によれば、明治三十年ころまでは、その元天神社の祠のうしろには洞穴があり、中に怪物が棲んでいるので、行くと罰があたるなどといわれて恐れられていた。

ⓑ　神輿が最後に矢奈比売神社へと還御するとき、それまでゆっくりと移動していたのが大鳥居をくぐったとたんに、「チンヤサ」「モンヤサ」の掛け声とともに激しくかけのぼり、拝殿の前では胴上げがくりかえされるなど、裸練りのときと同じように活発な動きとなる。

ⓒ　暗闇の中で行われるミシバオロシの榊立てのときも宵宮の神輿渡御のときもなぜか息がきれるほどのかけ足で疾走する。

そして、なかでも最大の疑問点として残るのは、

ⓓ　鬼踊りの由来として語られている霊犬悉平太郎の怪物退治の伝説や人身御供の話について、なぜ、この裸祭にはそのような人身御供や悉平太郎の伝説が色濃くまつわりついているのか。

まず、ⓐの元天神社のうしろの洞穴には怪物が棲んでいるという伝承については、人身御供の伝説と符合するものと考えられる。そこは怪物の棲み家という意識が現に伝えられ

ていたのである。そして、ⓑの「チンヤサ」「モンヤサ」の掛け声の由来については次のような言い伝えが残されている。そのむかし境松の住人で、人身御供の柩を毎年担いで矢奈比売神社に運ぶ者たちがいた。当時は昼なお暗い山道で、恐怖におびえながら先棒を担ぐ者と後棒を担ぐ者とで交互に「チンヤサどうだえ」「モンヤサどうだえ」と呼びあいながら行ったという。つまり、裸祭の中での神輿のかつぎ上げが伝説の中での人身御供の運搬へと重ね合わせて語り伝えられているのである。とすると、ⓒのミシバオロシの榊立てが人身御供への白羽の矢、神輿の闇夜の疾走が人身御供の運搬と逃走をそれぞれ連想させるものとなっていることに気づく。

ミシバオロシ　　──→白羽の矢
鬼　踊　り　　──→悉平太郎の怪物退治
深夜の神輿渡御　──→人身御供の運搬
チンヤサ・モンヤサ──→人身御供の運搬

つまり、この裸祭は、人身御供譚《たん》の隠喩表現であり、一見すれば裸体に腰蓑姿の若者たちの勇壮な鬼踊りで印象的な祭りだが、それと同時に、人身御供と霊犬悉平太郎の怪物退治の伝説世界がくりかえし再現され想起されつづけている祭りであるということができる。

# 人身御供譚の深層

## 野生と文化

では、肝心の、この裸祭に色濃くまつわりついている人身御供《ひとみごくう》と霊犬悉平太郎の物語というのはいったい何か。その伝説世界がよみがえるたびに想起される人々の遠い過去の記憶の淵には何がよどんでいるのか。大林太良は「遠州見付天神の裸祭と早太郎伝説」(『日本の神話』一九七六年)で、C・レヴィ＝ストロースの神話研究(『生のものと火にかけられたもの』一九六四年など)を引きながら自然と野生の脅威を象徴する怪物が人間と文化によって克服されていく構図をこの人身御供譚《たん》から読み取ることができるとしている。その意味では『記紀』の伝える須佐之男命《すさのおのみこと》による八岐大蛇《やまたのおろち》退治の神話と同類の伝説ということになる。また、人身御供を生贄《いけにえ》や人柱《ひとばしら》とも通底するものとみる赤坂憲雄はC・レヴィ=ストロース（『野生の思考』一九七六年）や今村仁司（『暴力のオントロギー』一九八二年、『排除の構造』一九八五年）を引きながら、「人身御供譚への序章」（『物語・差別・天皇制』一九八五年）の中で、イケニエとは内部と外部という二元的な対立項をつなぐ媒介項であり、そこに第三項排除の構図が読み取れるということを指摘している。しかし、私はここで、生贄は文字通り生きたままの贄物つまり食物としての神饌のありかたの一つであり、また人柱は土木建築工事という大地に対する侵犯行為における贖罪《しょくざい》の意味を持つ犠牲のありかたの一つであり、基本的に人身御供とは異なる起源のものという視点に立つ。したがって、人身御供譚に集中して論じることにする。

この人身御供の伝説は、この見付天神社に限らず日本の各地に伝えられており、たしかに大林の指摘するとおり、年老いた猿や狒々《ひひ》、古狸などはいずれも山という自然と野生の世界の脅威を象徴的に表現したものと考えられる。そして、それを退治して人間の文化の領域が拡大されていく図式が描かれているといってよい。しかし、解決しなければならないのは、犬という要素である。自然と野生の脅威を克服するこの物語になぜ犬が登場しているのか、その意味を明らかにしなければなるまい。

そこで、日本の各地に伝えられている人身御供譚を収集し整理してみる。すると、その構成要素の組み合わせから、次のA・B・Cの三つのタイプを抽出することができる。

A　娘—旅人—犬—怪物
B　娘—旅人—□—怪物
C　娘—□—犬—怪物

この物語の構成要素のうち、娘は文字通り供物《くもつ》であり、人間から神への贈与の一形式、つまり人間と文化の領域から自然と野生の領域への贈与品と位置づけることができる。そして、山という自然と野生の領域の主が人身御供を要求する神であり、その実体は怪物である。そして、旅人というのはこの人身御供の習俗の矛盾を人々に知らせる異なる世界からの来訪者、異文化からのメッセンジャーと位置づけることができる。その旅人が、Aのタイプでは六部や盲人など社会的弱者であり新しい情報を提供するだけで、化物退治の武力装置として機能しているのは犬であるのに対し、Bのタイプでは旅人が狩人や武人であり鉄砲や刀剣をもち自ら武力装置の役割をも兼ねている。つまり、Aのタイプでは旅人という異文化からの情報提供者の役割と犬という武力装置の役割の二つの役割分担がみられるのに対し、Bのタイプではその二つの役割を旅の狩人や武人が一人二役で果たしているのである。それに対し、Cのタイプは犬という要素の重要性を語り伝えたいとするタイプ

表6　人身御供と怪物退治の伝承

| | 伝承地 | 人身御供 | | | | | 退治 | | |
|---|---|---|---|---|---|---|---|---|---|
| | | だれが | 選択方法 | なぜ・なんのため | どこへ | いつ | 人間 | 犬 | 化物の正体 |
| 1 | 鹿児島県薩摩郡下甑島 | 村の娘 | 順番 | | 山の上の四つ足堂 | | 旅の男 | そわん山の三太郎 | 盗人蜘蛛 |
| 2 | 熊本県玉名市 | 村の乙女 | | 田が荒される | 森 | 秋の収穫時 | 行者 | 丹波の般若 | 怪猿 |
| 3 | 熊本県玉名郡伊倉両八幡 | 乙女 | | 五穀ができない | | 秋祭り | 六部 | 肥前の犬 | 獣類 |
| 4 | 福岡県鞍手郡 | 庄屋の娘 | 屋根に矢が立ち | | 宮 | | 六部 | 日向の日向次郎 | 古狸 |
| 5 | 高知県高知市宮ノ町 | 一人娘 | | | 山の宮 | | 旅の僧 | 和泉のきんとも | 親猿と大勢の子猿 |
| 6 | 高知県高岡郡佐川町 | 年頃の娘 | 白羽の矢 | | お宮 | | 旅の僧 | 和泉国のきんとも | 親猿・子猿 |
| 7 | 広島県比婆郡口和町 | 娘 | 屋根に白い幣 | | 鏡山のお宮 | 祭 | 旅の男 | 中の原の一平太郎 | 古狸 |
| 8 | 岡山県真庭郡八東村 | 村の生娘 | 籤引き | 旱魃・洪水・飢饉 | 山の奥のお宮 | | 旅の六部 | 大和のすっぽこ太夫 | 大きな狒狒 |
| 9 | 兵庫県美方郡浜坂町 | 村の娘 | | 田畑を荒らす | 清富の三宝荒神社 | 例祭 | 六部 | 播州の黒左衛門 | 劫を経た大猫 |
| 10 | 兵庫県神崎郡香寺町 | 村の娘 | 順番 | 病気流行米とれず | 鎮守 | | 伊勢から来た侍 | 芝左太夫 | 大猿・古狸 |
| 11 | 兵庫県神崎郡香寺町 | 十三歳の娘 | 順番 | | 氏宮 | 祭礼 | 伊勢の御師小芝左太夫 | 御師の連れてきた犬 | 大猿 |
| 12 | 京都府船井郡和 | 村の娘 | 白羽の矢 | | 氏神 | | 強い旅の | しんぺいとうざとい | 雄雌の年 |

| | | | | | | | | | |
|---|---|---|---|---|---|---|---|---|---|
| | 知町 | | | | | | 侍 | う大きな犬 | を経たひひり猿 |
| 13 | 滋賀県蒲生郡日野町 | 村の娘 | | | 野室の愛宕神社 | 村祭の夜 | 若い猟師 | たくさんの犬 | 狒狒猿 |
| 14 | 福井県大野郡和泉村 | 十六歳の娘 | 白羽の矢 | | 鎮守 | 祭礼の宵 | 旅の武士 | 丹後のしっぺい犬 | うみ牛という怪獣 |
| 15 | 福井県大飯郡大飯町 | 村の娘 | 白羽の矢 | 作物を荒らす | | | 旅の僧 | 僧の連れてきた犬 | 古むじな |
| 16 | 福井県敦賀市 | 十六歳の娘 | 白羽の矢 | | | | 武者修行の武士 | 丹後国のしっぺいという白犬 | 海牛という怪獣 |
| 17 | 石川県鹿島郡 | 町内の美しい娘 | 白羽の矢 | | 七尾の山王社 | | 娘の父親 | 越後のしゅけんという白い狼 | 年老いた大猿 |
| 18 | 石川県鳳至郡能都町 | 十七歳の娘 | 順番 | 田畑を荒らす | お宮 | | 侍 | ぺっぺっぺえ | 千年も生きた大猿 |
| 19 | 静岡県田方郡韮山町 | 娘 | | | | | 六部 | 信濃しっぺい太郎 | 古むじな |
| 20 | 長野県下水内郡栄村 | 村の娘 | | | お宮 | 祭 | 宮本左馬之助 | 権兵衛が飼っていた犬 | 猿の刧臈 |
| 21 | 長野県木曽郡楢川村 | 娘 | | | 天神 | 祭 | 神主 | 伊那の早太郎 | 古狸 |
| 22 | 長野県駒ヶ根市 | 美濃伏見の庄屋の娘 | 家に火柱たち | | 鎮守 | | 六部 | 信濃のへいぼう太郎 | 狒々 |
| 23 | 長野県駒ヶ根市赤穂 | 娘 | 白羽の矢 | | 遠州府中の天満宮 | | 山伏 | 信濃の光前寺の兵坊太郎 | ひひ |
| 24 | 長野県駒ヶ根市赤穂 | 村の娘 | 屋根に火柱 | | 信濃国伏見の里の鎮守社 | 祭 | 六部 | 信濃の光前寺の兵坊太郎という山犬 | 狒狒 |

| | 伝承地 | 人身御供 | | | | | 退治 | | |
|---|---|---|---|---|---|---|---|---|---|
| | | だれが | 選択方法 | なぜ・なんのため | どこへ | いつ | 人間 | 犬 | 化物の正体 |
| 25 | 長野県小県郡 | 庄屋の娘 | | | 山の小宮 | | 座頭 | 筑波山麓のしっぺい太郎 | 狐狸狼山猫 |
| 26 | 長野県小県郡武石村 | 村の娘 | 屋根に幣 | 人年貢 | 明神の宮 | | 座頭 | 筑波山麓のしっぺ太郎 | 猿などの獣類 |
| 27 | 新潟県長岡市 | 庄屋の娘 | 順番 | 人年貢 | 宮 | 祭の夜 | 座頭 | 丹波のしっぺぃ太郎 | |
| 28 | 新潟県北魚沼郡 | 庄屋の娘 | 白羽の矢 | | 鎮守 | 正月15日 | 浪人 | すっぺこ太郎 | 鬼 |
| 29 | 群馬県利根郡新治村 | 年頃の娘 | 白羽の矢 | | 村外れの鎮守 | 秋 | 旅の若者 | しっぺい太郎 | 大ひひ |
| 30 | 群馬県利根郡月夜野町 | 財産家の娘 | | | 村外れの鎮守 | 秋 | 六部 | 丹後国のしっぺえ太郎 | 古猿 |
| 31 | 茨城県筑波山麓地方 | 村の娘 | 順番 | | 宮 | | 旅の役人 | 丹波国のしっぺい太郎 | 大きな白猿たち |
| 32 | 福島県大沼郡昭和村 | 村の娘 | 屋根へ幣束 | | 鎮守 | | 富山の薬売り | 播磨国のめっかい | 四匹の怪物 |
| 33 | 福島県大沼郡三島町 | 村の娘 | 順番 | | 神様 | | 侍 | 太郎 | ひひ |
| 34 | 福島県郡山市湖南町 | 十八、九歳の娘 | 順番 | 人年貢作物が荒らされる | 鎮守 | | 侍 | 丹波の太郎 | 怪物 |
| 35 | 福島県田村郡 | 娘 | 白羽の矢 | | 山の神 | | 六部 | 信濃の権兵衛太郎 | 猿 |
| 36 | 福島県田村郡船引町 | 娘 | | | 鎮守 | 8月15日 | 乞食坊主 | 丹波のしっぺい太郎 | 鬼 |
| 37 | 福島県田村郡旧美山村 | 若い娘 | 白羽の矢 | 災いが起こる | 山の神の社 | | もと武士の六部 | 信濃国の権兵衛太郎 | たくさんの猿 |
| 38 | 福島県南会津郡 | 十五歳の | | | | | 重太郎 | 日本一のこんぶの太 | 猿 |

| | | | | | | | | | |
|---|---|---|---|---|---|---|---|---|---|
| | | 娘 | | | | | | 郎 | |
| 39 | 福島県南会津郡 | 十六歳の娘 | 十六歳になったので | | 鎮守 | | 狩人 | こぶの太郎 | 鬼 |
| 40 | 福島県南会津郡 | 庄屋の娘 | | | 鎮守社 | | 博打打ち | 伊勢国のよだの町の天地白 | 年をとった狒々 |
| 41 | 福島県南会津郡館岩村 | 十五歳の娘 | | | 鎮守 | | 重太郎 | 重太郎が連れたこんぶの太郎 | 年老いた猿 |
| 42 | 福島県南会津郡桧枝岐村 | 庄屋の娘 | | | 鎮守 | | 博打打ち | 伊勢国の天地白 | 年老いた狒々 |
| 43 | 宮城県桃生郡 | 若い娘 | 順番 | 大暴風田畑を荒らす | 山の社 | 秋の実りの時 | 廻国の和尚 | 近江国の長浜の竹篦太郎 | 狒と猿たち |
| 44 | 山形県酒田市 | 村の娘 | 白羽の矢 | 田が荒れる | お宮 | 祭 | 歌をある人が聞いて | 丹波国のしんしん太郎というめっけい犬 | 大貉 |
| 45 | 山形県鶴岡市 | 村の娘 | | 不作になる | 椙尾神社 | 大山祭 | 六部 | 丹波国の和犬（めっけいぬ） | 狸 |
| 46 | 山形県鶴岡市 | 村の娘 | 白羽の矢 | 作物が荒らされる | 椙尾神社 | 大山祭の前夜 | 六部 | 丹波国の三毛犬 | 古貉 |
| 47 | 山形県飽海郡 | 娘 | 白羽の矢 | | 神社 | | 山伏 | 丹波国のしんしんたろう | 狒々猿 |
| 48 | 山形県飽海郡遊佐町 | 村の娘 | 白羽の矢 | 田畑が荒らされる | 神社 | | 山伏 | 丹波のめっけ犬 | 年とったひひ猿 |
| 49 | 山形県東置賜郡高畠町 | 十三歳の娘 | 白羽の矢 | 七人の役人の要求 | 役人を家に招いて | 春秋 | 盲人 | 甲斐国の三毛犬四毛犬 | 刧を経た怪獣 |
| 50 | 山形県東置賜郡 | 村の娘 | | | | | 盲人 | 甲斐国のめっけんげ、すっけんげ | 狸 |
| 51 | 山形県最上郡 | 十五歳の娘 | | 人身年貢 | 大社 | | 旅の和尚 | 丹波国のすっぺえ太郎 | 年寄りの大猿とその家来たち |
| 52 | 山形県最上郡 | 長者殿の | 矢 | 人年貢 | お宮 | 正月15日 | 旅人 | ねずみや国の藤三郎 | 貉 |

| | 伝承地 | 人身御供 | | | | | 退治 | | |
|---|---|---|---|---|---|---|---|---|---|
| | | だれが | 選択方法 | なぜ・なんのため | どこへ | いつ | 人間 | 犬 | 化物の正体 |
| 53 | 岩手県西磐井郡花泉町 | 一人娘村の娘 | くじ | | 氏神様 | の晩 | 旅の薬売り | 金剛太郎 | ひひ猿 |
| 54 | 青森県三戸郡 | 金持ちの酒屋の娘 | 白羽の矢 | | 八幡様 | | 乳母 | 丹波国のすっぺ太郎 | 古貉 |
| 55 | 青森県三戸郡 | 庄屋の娘 | | | | | 旅人 | 丹波国のすっぺ太郎 | 貉 |
| 56 | 青森県三戸郡五戸町 | 十七歳の娘 | 白羽の矢 | 出さねばあとの祟りが大変 | 八幡様 | 秋祭 | 乳母 | 丹波国のすっぺ太郎 | 大きなむじな |
| 57 | 鹿児島県伊佐郡菱刈町 | 一人娘 | 白羽の矢 | | お宮 | | 旅の武士 | | ひひ猿 |
| 58 | 長崎県北高来郡江の浦村 | 庄屋の娘 | 順番 | 荒れて作物がとれぬ | 山の明神様 | | 侍 | | 老猿 |
| 59 | 福岡県朝倉郡 | 十二、三歳の少女 | | 怠ると村人を苦しめる | 阿弥陀の祭壇 | | 狩人 | | 古狸 |
| 60 | 広島県高田郡八千代町 | 一人娘 | | | 神 | | 猟師 | | 狒々 |
| 61 | 広島県神石郡神石町 | 十八歳の娘 | 白羽の矢 | | 氏神 | | 宮本左門のすけという侍 | | ひひ |
| 62 | 広島県比婆郡 | 庄屋の一人娘 | 順番か | | 氏神様 | | 鉄砲二平 | | |

| | | | | | | | | | |
|---|---|---|---|---|---|---|---|---|---|
| 63 | 広島県比婆郡 | 娘 | | 豊作になる | お宮 | 秋の祭 | 岩見重太郎 | | 猿 |
| 64 | 広島県比婆郡高野町 | 娘 | 順番 | | 氏神 | | 鉄砲打ち | | 猿 |
| 65 | 広島県比婆郡高野町 | 娘 | 順番 | 豊作祈願 | お宮 | 秋祭 | 岩見重太郎 | | 猿 |
| 66 | 岡山県岡山市 | 庄屋の娘 | | | 八幡様 | 祭 | じんげんだ様 | | 狒々猿 |
| 67 | 岡山県阿哲郡神郷町 | 庄屋の娘 | | | 氏神様 | | 岩見重太郎 | | 二匹の猿 |
| 68 | 岡山県阿哲郡神郷町 | 庄屋の娘 | 順番 | 田を荒らす | お宮 | | 猟師 | | 大きな猿 |
| 69 | 岡山県阿哲郡哲西町 | 庄屋の娘 | 白羽の矢 | 豊作を祈って | 権現様 | | 旅の侍 | | ひひ猿 |
| 70 | 岡山県勝田郡勝田町 | 庄屋の一人娘 | 白羽の矢 | | 氏神 | | 旅人 | | ひひ猿 |
| 71 | 岡山県川上郡備中町 | 庄屋の娘 | 白羽の矢 | | 八幡様 | | 旅の侍 | | 古狸 |
| 72 | 岡山県久米郡久米町 | 村の娘 | | | お宮 | | 旅の侍 | | ひひ猿 |
| 73 | 島根県邑智郡 | 長者の娘 | | | | | 犬を連れた山伏 | | 猿 |
| 74 | 鳥取県東伯郡 | 十八歳になる娘 | | 供えなければ米ができない | 宮 | | 侍 | | 古狸 |
| 75 | 鳥取県東伯郡 | 十八歳になる庄屋の娘 | 順番か | | 氏神 | | 侍 | | 古狸 |

| | 伝承地 | 人身御供 | | | | | 退治 | | |
|---|---|---|---|---|---|---|---|---|---|
| | | だれが | 選択方法 | なぜ・なんのため | どこへ | いつ | 人間 | 犬 | 化物の正体 |
| 76 | 鳥取県東伯郡赤碕町 | 十八歳になる娘 | 順番 | 田を荒らす | 氏神 | | 旅の侍 | | 古狸 |
| 77 | 鳥取県東伯郡東伯町 | 村の娘 | 白羽の矢 | | 氏神 | | 岩見重太郎 | | 狒々猿 |
| 78 | 兵庫県氷上郡 | 庄屋の娘 | 白羽の矢 | | | | 六部のような侍 | | 狒々猿 |
| 79 | 兵庫県城崎郡 | 十八歳になる娘 | くじ | | 村の神様 | | 六部 | | 狒々猿 |
| 80 | 兵庫県朝来郡和田山町 | 娘 | 御幣の落ちた家 | | 養父の明神さん | 節分の夜 | 宮本武蔵 | | 古鼠 |
| 81 | 京都府竹野郡 | 娘 | 白羽の矢 | やらなかった年大火事あり | | | 爺 | | 狒々 |
| 82 | 京都府船井郡和知町 | 村の娘 | 白羽の矢 | 田の米がとれない | お宮 | | 岩見重太郎 | | ひいひい猿 |
| 83 | 京都府与謝郡伊根町 | 村の娘 | 順番 | | 野室の愛宕神社 | 祭 | 千松どんという侍 | | ひひ猿 |
| 84 | 福井県坂井郡芦原町 | 娘 | 白羽の矢 | | 氏神八幡様 | 正月14日 | 宮本武蔵 | | 古狸 |
| 85 | 福井県丹生郡織田町 | 幼女 | おみくじ | 田が荒らされて不作 | 宮 | 秋祭の宵宮 | 武士 | | むじな |
| 86 | 福井県福井市本堂町 | 幼女 | 白羽の矢 | 田畑が荒らされて不作 | 宮 | 秋祭の宵宮 | 旅の侍 | | 古むじな |
| 87 | 福井県勝山市鹿 | 村の娘 | くじ | | 神社 | 旧暦9月 | 岩見重太郎 | | 狒狒 |

| | | | | | | | | |
|---|---|---|---|---|---|---|---|---|
| | 谷町 | | | | | 8日 | 郎 | |
| 88 | 福井県敦賀市 | 美しい娘 | | 牛鬼が暴れる | 海の祠 | 正月 | 旅の侍 | 牛鬼 |
| 89 | 福井県敦賀市 | 村の娘 | | 田畑が荒らされる | 氏神 | 初午 | 山中鹿之助 | 狒狒猿 |
| 90 | 石川県江沼郡山中町 | 一人娘 | | | | | 旅人 | むじな |
| 91 | 石川県小松市今江町 | 娘 | | | | | 岩見重太郎 | ひひ |
| 92 | 富山県射水郡小杉町 | 一人娘 | 白羽の矢 | | 加茂社 | | 岩見重太郎 | 古むじな |
| 93 | 富山県射水郡小杉町 | 一人娘 | 白羽の矢 | | 黒河村の加茂社 | 春祭 | 岩見重太郎 | 狒狒 |
| 94 | 長野県下伊那郡上郷町 | 年頃の娘 | 白羽の矢 | | 野底の姫宮 | 祭礼 | 岩見重太郎 | 大ひひ |
| 95 | 長野県上水内郡小川村 | 娘 | | 人運上<br>田畑が荒らされる | 神様 | | 猟師 | 何百匹という狸 |
| 96 | 山梨県西八代郡 | 娘 | 白羽の矢 | | | | 剣術使い | 猿 |
| 97 | 山梨県西八代郡市川大門町 | 村の娘 | 白羽の矢 | | 氏神 | | 岩見重太郎 | ひひ |
| 98 | 山梨県西八代郡上九一色村 | 村の娘 | 屋根へ矢 | | 氏神 | 祭 | 剣術使い | 古猿 |
| 99 | 千葉県長生郡長江町 | 村の娘 | | | 宮 | | 旅の男 | 猿 |
| 100 | 群馬県利根郡新治村 | 村の娘 | 白羽の矢 | | 鎮守 | 祭 | 旅の侍 | 猿 |
| 101 | 福島県大沼郡昭 | 庄屋の一 | 白羽の矢 | | お宮 | | 浪人風の | 大きなひ |

| | 伝承地 | 人身御供：だれが | 人身御供：選択方法 | 人身御供：なぜ・なんのため | 人身御供：どこへ | 人身御供：いつ | 退治：人間 | 退治：犬 | 退治：化物の正体 |
|---|---|---|---|---|---|---|---|---|---|
| | 和村 | 人娘 | | | | | 侍 | | ひ猿 |
| 102 | 福島県南会津郡 | 娘 | 白羽の矢 | | 山の鎮守 | | 偉い人 | | 狒々 |
| 103 | 福島県南会津郡南郷村 | 村の娘 | 白羽の矢 | | 山の中の鎮守 | | 偉い人 | | 大ひひ |
| 104 | 福島県耶麻郡山都町 | 村の娘 | 白羽の矢 | | 村の社 | | 若者弥一郎 | | 老いた大猿 |
| 105 | 宮城県遠田郡田尻町 | 村の娘 | 白羽の矢 | | 山の神 | | 侍 | | ひひ |
| 106 | 山形県最上郡 | 娘 | | 人年貢 | | | 旅の武士 | | 大きな鼬（いたち） |
| 107 | 山形県西置賜郡山国町 | 村の娘 | 白羽の矢 | | 鎮守 | | 岩見重太郎 | | 年をとったひひ |
| 108 | 秋田県大曲市 | 村の娘 | | | お堂 | | 権太さまという鉄砲打ち | | 年とったひひ |
| 109 | 秋田県山本郡八竜町 | 村の娘 | 順番 | 田を荒らされる | 宮 | 秋 | 侍 | | 何千年も生きたような猿 |
| 110 | 秋田県山本郡藤里町 | 長者の娘 | くじびき | 田を荒らされる | 鎮守 | | 武士 | | 年とった大猿 |
| 111 | 岩手県北上市 | 村の娘 | | 凶作 | 山の神様 | | 猟師 | | 大猿 |
| 112 | 岩手県旧上閉伊郡土淵村 | 村の娘 | | | 国司の生神様 | | またぎの熊井勇軒 | | 猿の経立ち |
| 113 | 青森県弘前市 | 娘 | | | お宮 | | 旅の偉い侍 | | 猿 |
| 114 | 兵庫県多紀郡 | 処女の娘 | 白羽の矢 | | | 毎年11月 | | かわいがっていた白 | 古貉 |

| | | | | | | | | | |
|---|---|---|---|---|---|---|---|---|---|
| | | | | | | | | 犬 | |
| 115 | 山形県最上郡 | 金持ちの一人娘 | | 人年貢 | | | | かわいがっていた白い大きな犬 | 大蛇 |
| 116 | 山形県酒田市 | 娘 | | | 神社 | | | 丹波国のめめけ犬 | 貉 |

『日本昔話大成7』『日本伝説大系』『日本昔話通観』より作成。

であり旅人という要素は欠落しても犬という要素は残しておきたいとして語り伝えられてきたものと位置づけることができる。とすれば、この人身御供譚の基本型はAのタイプということになる。

この、「娘―旅人―犬―怪物」という四つの要素を揃えたAのタイプが基本型とするならば、この物語から次の二つの構図を読み取ることができる。第一に、媒介項としての娘と犬という解釈である。たしかに、年老いた猿や狒々などは山という自然と野生の世界の脅威を象徴的に表現したものであり、人身御供の娘は、その自然界への人間たちの領域侵犯に対する贖罪的な贈与、供犠《くぎ》とみることができる。そして、その供犠は「人間・文化」と「自然・野生」という二項対立の世界観の中で、両者の間の境界設定に際しての媒介項としての機能を果たしているものと考えられる。そして、その境界設定に介在して人間の側の勝利へと導いているのが犬である。その犬は本来「自然・野生」の世界にその出自を

もつものである。それが「人間・文化」の世界へと接近してきて両者の間の媒介項として
の機能を果たしているものといえる。つまりこの種の伝説の中で人身御供の娘と犬の活躍
とが密着して語られるとき、その背後には、「自然・野生」と「人間・文化」という二項
対立の世界観が存在し、娘と犬とにはその両者の境界を再確認する媒介項としての共通点
があるということがわかる。

## 成女式の伝統

第二に、人身御供の物語は女子の通過儀礼としての成女式の隠喩である
という解釈である。人身御供は若い娘であり、処女であることが重要で
ある。「文化」と「野生」の媒介項としての人身御供の少女たちには、女子（子供）から
女性（大人）へ、つまり生理が始まりこれから妊娠・出産というういわゆる「野生」の領域
へと一歩足を踏み込んでいく少女たちのイメージがある。かつて日本の社会では、未婚の
若者たちの間で自由恋愛の伝統が長かったことが、瀬川清子や大間知篤三らの民俗調査に
よって多くの事例とともに明らかにされているが、そこで注目されたのは、「十三サラワ
リ」とか「アナバチをワル」などといって、一二、三歳になった娘が、村の特定の老人と
か仮親もしくは結婚の際の仲人、また若者頭など、一定の男性によって、一人前の女性に
してもらうという成女式、つまり処女破棄という衝撃的な通過儀礼の存在であった。昭和

十年前後の民俗調査でそのような事例に数多く接した大間知篤三は、今日の常識からすれば奇怪千万なことで信じ難く思う人も多かろうといいながら、いくつかの具体例をあげて説明している。今日の私たちの民俗調査ではすでに聞くことのできない民俗がそこには記されている（『大間知篤三著作集』第二巻、一九七五年、三八九〜三九二ページ）。

〈事例〉　愛媛県北宇和郡の岩松川の上流の山村　大間知篤三調査　昭和十年

以前は女にしてもらうということがあった。娘が十四、五歳になると、早く誰かから女にしてもらってくれればよいがと、親たちは心ひそかに願ったものである。親が心配のあまりに酒を買ってきて、女にしてもらうことを依頼したという話もある。そのことをアナバチを割るといって、その役割を果たす人が、村人の間にきまるともなくきまっていた。たいてい物静かで口数の多くない男であり、つねづね畳や板にすりつけて爪を磨いたりしており、三日ぐらいかかってその役割を終えたという。また他の話者からはつぎのようにも聞いた。娘が十三、四歳になると、ヒゲが生えるとその根でとじこめられて割れなくなるとか、サネカズラの根で割れなくなってしまうなどと威《おど》しつけた。そう言われると、娘の方では非常に心配になって、アナバチを割ってもらう気になるのである。岩松町の素封家小西家の娘に対しては、どうしてもその機会が若者たちに得られなかったので、腐りわれに割れたのだと悪口したという話も伝わっていた。アナバチを割り、「初穂を頂く」と、それからは、さあ女になったから相手を世話してやろう、宜しく頼むということになり、誰それは誰のシロモノというようにきまっていくのである。当時三十五歳以上（今日から数えるとする七十八歳以上）のその村の女で、これをしてもらわなかったものは、一割とはおるまいということであった。こんな次第で、処女で嫁入るなどということは、ほとんど例がなかった。処女ではいけなかったとさえ言われている。しかし夫婦になってしまうと堅かった。

〈事例〉　福島県相馬地方　今野円輔調査　昭和十六年

同地方では「オナゴにならないで、ご祝儀をしてはうまくいかない」という考えがありました。その実例としては、加藤村さんの母親が娘のとき、持立百松という人に頼んでオナゴにしてもらったことがあった。そしてご祝儀も無事にすんだ翌日には百松アッコを招待して酒を御馳走したということです。「おかげさまで聟をもらったから、今日はたんと飲んでくれろ」と、娘の親が礼を言ったそうです。相馬地方では、娘が嫁に行くときには、オナゴにしてもらうことはあまりないが、婿とり娘は、もとはたいてい誰か適当な人にオナゴにしてもらっていたということです。それで、つぎのような例が記録されています。富沢の寺田三郎の家のオツタは、オナゴにならず床入りしたので、「いやだ」といって、どうしようもなかった。それでヨメゾイ（嫁添い）と聟とで床入りさせて無事にすんだことがあった。ヨメゾイは、ご祝儀のときの嫁の代理なのだから、それでよいが、オナゴにしてもらっていないと、満足しない（うまく納まらない）とよくいわれたものだったということですし、「いままでに一番恥しかったことは、どんなことでしたか」という質問に対して、「嫁入りが決まって間もなく、おっかさんに連れられて、同じ村うちの顔見知りのおとっつぁん（筆者註―おじさん）の家に連れていかれたときでした。おっかさんは『これも嫁に行くことになったで、よろしく頼みます』と言って帰ってしまったが、そのおとっつぁんは、『ほうか、そりゃ良かったなす』と言ったきりで煙草をふかしているし、わたしぁ、たったひとりっきりになるし、あんときだけは、おしょうしくて（恥しくて）なんねかった」と答えた中年のおばさんもあったということですから、少なくとも大正時代まで、こんな習俗が同地方には残っていたことがわかります。

大間知篤三は、この他にもいくつかの例を紹介している。たとえば、三重県南牟婁郡有井村（熊野市）や尾呂志村ではアナバチを割った若者頭に対して、娘の親から赤褌《あかふんどし》を一枚祝い、礼として酒一本を持参するが、この若衆頭をワリガシラ親と呼んでいる（『伊勢民俗』二の二）。新潟地方ではこの行事をボンワリといい、福井県城崎村ではアナバチといって、やはり特定の者が一二、三歳の女子を一人前にして、若者の仲間に告げる風があった。島根県北浜村にも一二、三歳の娘が、まだ娘にならん前に、五〇歳以上のゴケじいさんにオセにしてもらうことがあった。それをハチワリといい、若連中にアナバチがすんだ、という風にふれてもらうので、オセイボを持って行った。西石見地方でも娘が一三歳になると、親が部落内の男等に頼んで大人にしてもらうのをスケワリといい（和歌森太郎編『西石見の民俗』昭和三十七年）、四国の愛媛県御槇村にも破瓜《はか》の習俗があった。和歌山県熊野の九鬼浦地方にも破瓜の習俗があって、アナバチワリ、アナバチヲワッテもらう、といった。これらの事例を紹介しながら大間知は、「東北地方には、金精《こんせい》様と称して、木や石、あるいは鉄銅などの金属でつくった男根を祀るところが多く、それが時折り鉄の鎖でつなぎとめられたりしている。岩手県岩手郡巻堀村（玉山村）の金精神社は、霊験あらたかなことで古来有名であり、神威を語るいろいろの話が伝えられている。その村の少女が一三、四歳になると、一夜夢中におそわれることがあり、それは金精神がその処女を犯すからだという。それを防ぐために鎖でつないだが、なおその淫瀆行為がやまず、時折り遊行するものとされている。また他の地方でも、初夜はサイノカミサマがさっしゃるとか、エビスさまに捧げるなどと言われるところもある」といい、「われわれの遠く古い観念のなかには、処女を破る行為を恐怖する考え方があったのだろう。それだからそうした役割は古くは神が、また神の名において特定の神人が果たす風があったものと思われるのである。それが後には婚礼の仲人の役割と見なされた所もできてきた。このように考えると、東北地方でひろく仲人をサイノカミと呼ぶことのもとの意味もわかるような気がする」と述べている。

## 初夜権

初夜権という概念は、婚姻の承認とひきかえに花婿以外の男性が花嫁と最初の性交を行う権利をもつという習俗をもとに設定されたものである。たとえば中世ヨーロッパにおいては、領主や僧侶などが領地内の農奴の結婚に際して、花嫁と初夜を過ごす権利をもつとされ、もしそれを拒絶する場合には多額の物品や金銭でそれを償わねばならなかった。『世界風俗じてんIII』（一九七八年）がウィーン性問題研究所編『ビルダー・レキシコン』〈文化史篇〉やシンドロウィッチ『風俗史』を引用しながら紹介するところによれば、一五三八年のチューリッヒ州議会の発した布告には初夜権の行使を拒絶した場合には花婿は四マルク三〇ペニッヒを支払わねばならないとされており、またバイエルン地方では花嫁はそのお尻が入るだけの大鍋かそのお尻の重さほどのチーズを、そして花婿は上衣か毛布を納めなければならなかったとされている（『事典　家族』一九九六年）。これらの出典についてはまだ直接十分な確認が必要であるが、少なくとも中世ヨーロッパにおいて初夜権をめぐる習俗が存在したことはこれまでも指摘されており、それは一種の結婚税と考えられている。

日本の民俗の中に伝えられていた女子の成女式はそれとはまったく別のものであり、両者は明確に区別される必要がある。日本の民俗における成女式は少女の処女破棄つまり破瓜に重点があり、特定の男性の権限としての習俗ではない。大間知篤三によれば、それに関与した男性としては、特定の老人・仮親・仲人・若者頭などの例が知られるが、この習俗はもともと血の忌みなど処女を破る行為を恐怖する考え方にもとづくものであり、はじめは神の名において特定の神人が担当するものであったろうと推定している。

この見付天神社の裸祭の祭礼の儀式次第に注目してみると、宵宮の深夜に神輿が土着神である矢奈比売神社から遠江国の総社である淡海《おうみ》国玉神社へと真っ暗闇の中を足速に運ばれている点が注意される。その神輿は前述のチンヤサ、モンヤサの掛け声などから、人身御供の娘を乗せた御輿としてのイメージが伝えられている。神輿の中に乗っているのは、第一のイメージとしてはやはり矢奈比売という神であろうが、伝説と儀礼のうえでは人身御供の娘であるとするイメージも伝えられているのである。町の若者たちが有り余るエネルギーをぶつけあうように裸体で踊り狂う矢奈比売神社での鬼踊りの喧騒と混沌の中を、そっと人身御供の娘をのせた神輿が、灯火を消した深夜の暗闇の中を遠江の国司がその淡海の国魂を祀る淡海国玉神社へと運びこまれ、そこで一夜を過ごすのである。

これは儀礼的にみれば、国司の祀る国魂と土着神矢奈比売との聖婚を表現するものにほかならない。そして、国司が関与するかたちの土着首長の娘の成女式を表現している可能性もある。もちろんそれは、史実として確認できる事柄ではない。この淡海国魂と矢奈比売との聖婚、国司による成女式、というのは祭祀儀礼の一解釈である。ただし、古代の史料には、神を祀る聖なる存在が領内の女性と交合する営為を是認する習俗が存在したことを推定させる記録もある。すでによく知られた記事であるが、『三代格』巻一、延暦十七年（七九八）十月十一日付の官符にみる出雲国造の記事である。

禁出雲国造託神事多娶百姓女子為妾事。右被右大臣宣偁、奉勅、今聞、承前国造兼帯神主、新任之日即棄嫡妻、仍多娶百姓女子、号為神宮采女、便娶為妾、莫知限極。此是妄託神事、遂扇淫風、神道益世豈其然乎。自今以後不得更然。若娶妾供神事不得已者、宜令国司注名密封卜定一女、不得多点。如違此制、随事科処。筑前国宗像神主准此。

これによれば、出雲国造は杵築《きずき》大社の神主を兼帯し、その新任に当たって多くの百姓の女子を娶り神宮采女と号しているという。これは神事に関することとして領内の女子を娶るという習俗が存在したことを示す記事であり、筑前国宗像神主も此れに准ぜよとしているところからみて、古代社会においては単に出雲国造に限ったことではなかったことがわかる。

## 怪物退治の犬と安産の犬

人身御供の伝説と共に伝えられてきたこの遠江の国府見付の裸祭に、女子の成女式の意味が隠されているとすれば、先にみた白羽の矢を連想させるミシバオロシの榊が闇夜の町内の一三ヵ所に挿し立てられるというその十三という数字にも特別な意味が込められている可能性がある。その十三という数字は、この祭礼における他の十二という数字、たとえば浜辺の禊《みそぎ》に際して拾って来られて本祭りで神輿のそばに置かれる小石の一二個が一二ヵ月や十二支など月や年の数を象徴しているのとは異なる。一般に一三歳という年齢は、十三参りや初潮祝いの儀礼が行われる年齢であり、少女たちは子供の段階から大人の段階へ、生理的に一人前の女性となり、これから妊娠、出産などという「野生」の営為の中へと進んでいくことになる。人身御供の物語の中には、その初潮・性交・妊娠・出産という「野生」の営為の中に入っていく娘をめぐるイメージがある。そして、その「野生」の領域で娘を守ってくれる存在として描かれているのが犬なのである。

この犬と娘との間に「人間・文化」と「自然・野生」の両界の媒介項としての共通性があることはすでにのべたとおりである。そして、その共通性の背景にあるのが、①女性の妊娠・出産という「野生」の営為、と②犬と人間の交流史、という二つであると考えられる。

ここで、人身御供の物語に登場する犬について、それらがふつうの犬ではなく、特別に大きな白い犬であったり、中には山犬であるとか狼であるとしている例があることに注意する必要がある。この遠州見付天神の裸祭で語られてきた信州駒ヶ根の光前寺の悉平太郎とか兵坊太郎という犬も、もともと光前寺の縁の下で出産した山犬が山へ帰るときに和尚のもとめるままに五匹の子犬のうちの一匹を残していったもので、それが悉平太郎とか、兵坊太郎、早太郎などと呼ばれて大事に育てられたというものであった。そして、「へいぼう」というのは上伊那地方では狼のことを呼ぶときの呼び名であり、松村義雄（『狩りの語部―伊那の山峡より―』一九七七年）によれば「へい」とは「灰」で、狼の毛色が灰色であることからこのような名前が付けられたのであろうという。狼や山犬と人間との交流の歴史について追跡したものとしては、中村禎里（『日本人の動物観―変身譚の歴史―』一九八四年、『日本動物民俗誌』一九八七年）、平岩米吉（『狼―その生態と歴史―』一九九二年）、菱川晶子（「人獣交渉史―狼と塩―」『口承文芸研究』20、一九九七年、「『鍛冶屋の婆』考」『国学院大学大学院紀要』30、一九九九年）などがあり、里人にとって狼と山犬とはよく混同されたりまたそれらを山の神の使いの霊獣とみる観念が顕著である点などが指摘されている。このような日本の狼や山犬に対する霊獣観念は欧米の狼に対する害獣観念とは大きく異なり、「自然・野生」の領域と「人間・文化」の領域との間で人間と相互に接近しあう動物としてのイメージがある。そのような狼や山犬のイメージを基盤とする犬へのイメージにより、この人身御供の怪物退治の物語における主役の座が山犬や犬に与えられてきたものと解釈できるであろう。

そして、この犬へのイメージが民俗のもう一つの表現として伝えられてきたのが、犬の安産のお守りの信仰と考えられる。妊娠して五ヵ月めの戌《いぬ》の日に妊婦が「犬」の字を書いた腹帯を巻いて安産のお守りとする信仰は広くみられる。また、新生児の誕生後、せっちん参りや橋渡りなどと呼ばれる初外出の儀礼に際して、赤子の額に墨や紅で「犬」の字を書く習俗も広くみられる。これらはいずれも多産で安産な犬にあやかるものと説明されているが、それは民俗の中に伝えられている解釈をそのまま説明に利用しているにすぎない。多産で安産という動物は犬に限らない。犬が女性の営為を守るという民俗の伝承の背景には、ここで確認してきた人身御供の物語における犬と安産祈願の犬との両方に通底する「自然・野生」と「人間・文化」の両界の媒介項としての犬と女性との共通性への観念が民俗の中に深く静かに伝えられてきているからではないかと考えられる。

# 裸祭と人身御供の物語

## 見付天神社の大祭

ここで論じたところをまとめておくと、およそ以下のとおりである。

第一に、遠州国府の見付天神社（矢奈比売神社）の秋の大祭である裸祭について、

(1) この祭りは、大林太良が指摘したように、里芋や粟餅に象徴される畑作文化、裸踊りの腰蓑に象徴される海民漁撈文化、腰蓑の素材である稲藁に象徴される水稲稲作文化という三者の複合がみられる。

(2) この祭りは、勇壮な若者たちの鬼踊りで印象的な祭りであるが、その儀礼構成からみると、人身御供と霊犬悉平太郎の怪物退治の伝説世界を再現させるものとなっている。

(3)　この祭りは、国司の祀る淡海国魂の神と土着神矢奈比売との聖婚を表現する構成となっており、国司による土着首長の娘の成女式という心象世界を表現している。

## 人身御供の物語

第二に、人身御供の物語について、

(1)　人身御供と生贄と人柱とはよく似た物語ではあるが、生贄には調理する前の生きたままの神饌という意味があり、人柱とは土木建築工事における侵犯行為への代償の意味があり、人身御供とは異なるため、同一に論じてはならない。

(2)　人身御供と犬の活躍の物語の背景には、C・レヴィ＝ストロース以来指摘されているように「自然・野生」と「人間・文化」の二項対立の世界観があり、娘と犬とには両者の境界を再確認する媒介項としての共通点がある。

(3)　人身御供の物語には女子の通過儀礼である処女破棄という成女式の隠喩が秘められている。

(4)　安産祈願の犬の民俗もこの人身御供における怪物退治の犬の物語と通底するものであり、「自然・野生」と「人間・文化」の両者の媒介項としての狼と犬との共通性にもとづくものである。

# 遊びと尸人《しじん》

# 両山寺の護法祭

## 美作地方の護法祭

岡山県久米郡一帯のいくつかの寺院では、その境内に護法善神という神を祀っており、毎年夏の盆の季節にその神霊を護法実《ごほうざね》と呼ばれる人物に祈り憑《つ》けて、飛んだり跳ねたりのお遊びをさせる深夜の祭りが伝えられている（『美作の護法祭』一九九四年）。これまでに確認されているのは、一〇ヵ所の事例であるが、現在も行われているのは両山寺・清水寺・両仙寺・恩性験寺の四ヵ寺である。一〇ヵ所の事例のうち、清水寺・両仙寺・恩性験寺・一宮八幡神社の護法祭はいずれも明治になってから両山寺のものを勧請したものといわれ、祭式の構成などもほとんど共通したものである。清水寺の護法祭の成立については、奉賛会長の杉本武夫家に残されている『護王太鼓寄附簿』（明治二十四年）の序文に明治二十年に有志がこれを始めたことが記されており、島村知章の「美作の護法祭」（『民俗芸術』二‐七、一九二九年）には、これは両山寺のものを真似たものだと言い伝えていたことを記している（加藤正春「清水寺護法祭の成立をめぐって」『岡山民俗』二〇〇、一九九三年）。護法祭には「烏護法」と「犬護法」とがあり、両山寺のものは烏護法なので高い木の上に逃げても追ってくるが、清水寺のものは犬護法なので堂の床下までも追いかけてくるなどという。しかし、清水寺では自ら烏護法であるといっており、祭式のうえでも両山寺のものと大差はない。

一方、仏教寺と豊楽寺の護法祭は互いに隔年に行われ、いまは中止されているが、祭式の構成や護法実の所作からみて、両山寺系統のものとは少し異なるものとみられている。たとえば、仏教寺の護法祭では、護法実が「烏飛び」といって両手と肩を水平にあげ膝を曲げずに爪先で前に三足飛んで三拝し次に右に三足飛んで三拝する、というような一定の様式化された所作ができあがっているなどといわれる（三浦秀宥「護法祭」『岡山県史　民俗II』）。なお、本山寺・西山寺・泰山寺のものは『作陽誌』に伝えるのみで古くに廃絶し今日では伝承されていない。

表7

| 寺社名 | 所在地 | 祭日 | 現在 | 備考 |
|---|---|---|---|---|
| 二上山 両山寺 | 中央町両山寺 | 8月14日（もと旧7月14日） | 実施 | |
| 龍光山 清水寺 | 久米南町上籾 | 8月15日（もと旧7月16日） | 実施 | 戦後昭和61年まで8月16日に実施 |
| 宮本山 両仙寺 | 久米南町北庄 | 8月15日（もと旧7月15日） | 実施 | |
| 天通山 恩性験寺 | 旭町上口黒岩 | 8月15日（もと旧7月15日） | 実施 | 昭和50年代中断　昭和60年復活 |
| 一宮八幡 | 中央町和田北 | 8月15日（もと旧7月15日） | 中断 | 平成3年を最後に廃絶 |
| 医王山 仏教寺 | 久米南町仏教寺 | 旧7月16日 | 中断 | 隔年の偶数年に実施　昭和30年代に廃絶 |
| 静謐山 豊楽寺 | 建部町豊楽寺（もと久米郡福渡町） | 旧7月14日 | 中断 | 隔年の奇数年に実施　昭和30年代に廃絶 |
| 岩間山 本山寺 | 柵原町定宗 | 旧7月7日 | 廃絶 | 『作陽誌』に記す　廃絶の時期不明 |
| 西山 西山寺 | 久米南町西山寺 | 不明 | 廃絶 | 『作陽誌』に祠を記す |
| 園山 泰山寺 | 久米南町泰山寺 | 不明 | 廃絶 | 『作陽誌』に祠を記す　明治45年に西山寺庫裡消失　大正3年に西山寺と泰山寺と合併して現在の泰西寺が成立 |

## 後藤秀道師との出会い

私が最初に両山寺の護法祭を見学したのは昭和六十年の夏であった。そのころ私が参加していた国立歴史民俗博物館の共同研究「儀礼・芸能と民俗的世界観」では、兵庫県上鴨川住吉神社神事舞や奈良県春日若宮御祭の見学を共同で行う機会もあったが、民俗調査というのは基本的に、個々人がそれぞれ自分の研究テーマにしたがって時間も自由に設定して個別調査を行い、その成果をもちよるのが最も効果的であるというのが私の考えであった。私はひとりこの護法祭にねらいを定め、事前の調査にとりかかった。まず、地元で調査を継続しておられた西沢郁也さんを訪ねた。西沢さんは山本尚幸さんとともに両山寺へ、またそれ以外にも護法祭を伝えていた寺院や神社へと案内して多くの情報を提供してくださった。そして、この両山寺の護法祭において最も重要な院代の役を勤める半僧半俗の修験者、後藤秀道師の名前を教えてくださった。そこで、私はあらためて中央町角石祖母《ついしそぼ》にある後藤秀道師の家を訪ねた。その日はひとりであちこち歩きまわったあとで、もう夕方にかかるころであった。後藤秀道師は独特の雰囲気をもった方で、会うとすぐに奇妙なことを言われた。「今日は誰か不思議な人が我が家を訪ねてこられると思っていたが、やはりその誰かがみえましたのぅ」と。そして、「あなたはこの護法祭でよく勉強されるとよかろう、きっと大きな発見があるじゃろう」

とも言われる。後藤秀道師は、自分が中心的な役割を果たしながらもこの護法祭はよくわからないことが多いのだ、と正直な気持ちを話された。私はまだこの護法祭は記録で読んだだけで、実際に見学していないため、何ともいえない状態であった。とにかく、見学前の情報収集や準備だけは怠らぬようにして八月の護法祭へと臨むことにした。

**護法祭の所役**

まず、この祭の所役の役配について昭和五十四年度の「護法祭式奉供名記」を確認した。元来はいずれの所役も世襲であったというが、戦後になってからはそれを守るのも困難になってきているという。それでも、螺吹《らすい》の後藤秀道師、紙手《しで》持《も》ちの左居喜次氏、榊葉持ちの岡重男氏の所役をはじめ、半畳持ち、サイカなどは、ほぼ世襲が守られてきている。なお、その世襲の家々は、後藤秀道師が両山寺末寺の丸王寺住職で山伏である例を除いては、いずれも農家で現在は両山寺の檀家である。この後藤秀道師がつとめる院代というのは院家の代理という意味で両山寺住職の代理として行列の先頭に立って護法実の迎えと送りの中心的な役割を果たす役である。

螺吹は山伏がつとめるもので、古くにはこの護法祭には各地の山伏が集まってきていたというが、現在ではいわゆる「頼み込み」といって謝礼金を出して参加してもらっている。サイカは八番までと決まっており、これもほぼ世襲で固定しているが、時にはぬけることもあり、そうした欠員が生じた場合や事故があったときには添サイカがあがってこれをつとめる。これら護法祭に参加する家々というのは両山寺の檀家組織とは必ずしも重ならず、檀家以外の家も古くから参加していたという。地元の両山寺地区の家は全戸これに参加し、近隣の打穴北《うたなきた》、打穴上《うたなかみ》、大垪和東《おおはがひがし》などでも大部分の家が参加しているが、参加、不参加の家の区別の基準は明確でなく、代々の伝承によるという。中央町以外の家で参加している例もある。

表8　護法祭役配（昭和54年度）

| 役名 | | 担当者 | 住所（中央町内） | 備考 |
|---|---|---|---|---|
| 院代 | | 後藤　秀道 | 角石祖母 | |
| 神灯持 | | 朝原　行雄 | 角石祖母 | これは当時のみ一時的に設けられた役 |
| 螺吹 | 1番 | 上尾　保夫 | 両山寺 | |
| | 2番 | 後藤　秀道 | 角石祖母 | 丸王寺住職（師）　院代をつとめる |
| | 3番 | 神浦　実寛 | | 柵原町清楽院住職（師） |
| | 4番 | 森内　順海 | | 赤磐郡吉井町周匝（先達） |
| | 5番 | 木庭　聖演 | | 赤磐郡瀬戸町片瀬（先達） |
| | 6番 | 佐東　光仁 | | 赤磐郡吉井町周匝（先達） |
| | 7番以下18番まで計一八名 | | | |

| | | | |
|---|---|---|---|
| 前手火持 | 三名 | （棚原町　両山寺　打穴北） | |
| 後手火持 | 三名 | （大垪和東　打穴里　打穴北） | |
| 大太鼓持 | 四名 | （打穴北三名　打穴上一名） | |
| 大太鼓打 | 三名 | （打穴中　両山寺　打穴北） | |
| 小太鼓持 | 四名 | （打穴上二名　両山寺　建部町） | |
| 小太鼓打 | 三名 | （両山寺三名） | |
| 紙手持 | 左居　喜次 | 打穴北 | ※この紙手持は左居家の世襲 |
| 腰取 | 二五名 | （両山寺五名　打穴北五名　打穴上三名　打穴里一名　大垪和東六名　東垪和西一名　旭町三名　その他一名） | |
| 榊葉持 | 岡　重男 | 両山寺 | ※この榊葉持は岡家の世襲 |
| 半畳持 | 上尾　保夫 | 両山寺 | ※この半畳持は上尾家の世襲 |
| サイカ | 1番から8番まで八名（両山寺四名　打穴北二名　旭町一名　その他一名） | | |
| 添サイカ | 一名 | | |

## 護法祭の執行次第

まず、この護法祭の執行次第はおよそ次のとおりである。

八月七日　護法実の精進潔斎　護法実になる人物は、祭りのおよそ七日前に白衣姿で両山寺へ入る。寺では本坊書院の「あかずの間」と呼ばれる部屋に護法善神の掛軸をかける。この部屋が護法実になる人物が起居する護法殿となる。近年護法実の役をつとめている打穴上《うたなかみ》地区の紙屋照夫氏はもう長年つとめているので四日前からこの忌み籠りの生活に入るようにしている。まず、護法実になる人物は、御山《みせん》（弥山）の山頂に登り、竹を二本立てて注連縄《しめなわ》を張り、御幣《ごへい》をつける。続いて、宮坂口、護法善神社前、塩場入口、龍池水池口の四ヵ所にも山頂と同様に竹を二本立てて注連縄を張り、御幣を下げる。

八月七日〜八月十四日　護法実の水垢離《みずごり》と巡拝　護法実になる人物は、この期間、ずっと水垢離と巡拝とを行う。水垢離は龍王池へと通い、裸体となって頭から水を二一杯かぶる。これを昼間三回（午前一〇時・正午・午後二時）、夜三回（午後一〇時・午前〇時・午前二時）の計六回、これを十四日の祭式の日まで毎日続ける。巡拝は、御山頂上↓護法善神社↓本堂↓本坊内の護法殿、の順路で毎日一回行う。水垢離や巡拝の途中、人と会っても絶対に言葉をかわしてはいけない。水垢離や巡拝以外の時はずっと本坊内の護法殿に忌み籠っており、食事は寺の住職が運ぶ。

十四日の祭式当日は、最後の水垢離をすませるとまっすぐ護法善神社に行き、そこでご迎神《げいしん》を待つ。

八月十四日　祭式の準備　早朝から両山寺住職および地元の両山寺地区をはじめ近隣の護法祭奉賛会（昭和二十五年結成）の人たちが集まって祭式の準備をする。

紙手切《しでき》り　紙手は護法実がかぶるもので、二上山の山主つまり両山寺の住職が作る。晒《さらし》布を束ねて約三チセンほどの太さにしたもので直径約二七チセンほどの輪をつくる。この輪は使える限り毎年同じものでよく、使えなくなったら新調する。この輪に白紙の紙手をたくさん付けて冠のようにして護法実が頭にかぶる。輪の両端につけてある紐《ひも》を顎で結び固定させる。紙手をつくる半紙は一帖二〇枚であるが、平年は一二帖使い、閏年は一三帖使う。まず一二帖全部を横半分に切る。その半分になった半紙を縦長におき、上部約五チセンほど残して縦に三等分になるように二本小刀を入れて切る。ちょうど暖簾《のれん》のような形である。全部の紙をそうして切ると、三等分に分け、上部約五チセン残している部分に千枚通しで穴をあけ紐を通す。そして、先ほどの輪にくくりつける。紙のひらひらが上になるように、輪の三カ所に固定する。重なっている紙をこよるようにして一枚ずつはなし白い花のようにしてできあがる。むかしは、祭りのあとこの紙手を分けてもらって田畑の作物の病害虫除けにしたという。

榊葉《さかきば》作り　榊葉は祈り憑《つ》けのときに護法実に持たせるもので、鎮守総代が代々つくるも

図22　白衣姿でひとり水垢離と巡拝へ向かう護法実

図23　龍王池で水垢離をとる護法実

のとされている。近くの山から篠竹五本切ってくる。三本でも七本でも奇数であればよいが、重さ・太さからみて五本のことが多い。篠竹はもとは本堂横に自生していたものを使っていたという。長さ約一メートル七〇センチほどにそろえ、上部と下部とを紐で結んで束にする。そして護法実が持つ部分に奉書紙を巻き、その上に三ヵ所紐をかけておく。そして奉書紙で幣《ぬさ》を約四〇〜五〇枚つくり、竹の枝一本にそれぞれ二枚ずつ付けておく。幣を作るのは山主である。

手火《てび》作り　手火は本堂前と下の広場を照らすための巨大なたいまつで、これは両山寺地区の人たちが作る。よく乾燥した竹数本を長さ一丈（約三メートル）ほどに切りそろえ、鉈《なた》で四つ割りにして、それを横幅約一メートルほどに敷きならべ簾《すだれ》のように上・中・下三ヵ所をつなぎあわせる。この竹の簾状のものの中に、麦藁《むぎわら》をたくさんつめこんで中に長さ約二〇センチほどに切って細く割った肥松《こえまつ》を混ぜる。太さは下の方が直径約三尺（約九〇センチ）と細く上の方が約六尺（約一・八メートル）と太くなっている。簾巻きの外側は藁縄で二一ヵ所男結びで縛り、はじめにつないでおいた三ヵ所の縄は切ってはずす。できあがると、祭式で使用するまで、本堂正面の二本の柱に縛りつけておく。

サイカ杖作り　サイカという役は祭式執行にあたっての警備役であるが、手に約一・八メートルほどのサイカ杖と呼ぶ竹の棒をもっている。これは警棒の役目を果たす杖で真竹で八本作る。

役配認め替え　役配はほとんど世襲であるが、毎年新しく書き替えて記録しておくことになっている。

道具清め　護法祭に用いる道具一切を祭式場で、山主、つまり両山寺住職が切火をして清める。最近は省略されることが多い。

本堂神勧請（午後五時ごろ）　両山寺本堂内陣にある厨子に向かって右側に小さな祭壇を設け、その上に紙手をのせた護法実の黒い衣装一式を置き、その奥に榊葉を置く。護法実の衣装は木綿地で黒色。法被《はっぴ》、胸あて、ももひきの一式が揃っており、毎年それを使用している。

祭式開始（七時ごろ）　立螺師《りゅうらし》（山伏）ら本坊へ集合。

一番螺《いちばんがい》（九時三〇分ごろ〔もとは深夜〇時ごろ〕）　立螺師が本堂前で一斉に法螺貝を吹きならす。近隣の人々はもとはこれを聞いてぼつぼつ家を出て両山寺へ参ったものだという。

二番螺（一〇時ごろ〔もとは〇時三〇分ごろ〕）　同様に法螺貝を吹きならす。これを合図に役配の人たちが本坊へ集まる。

三番螺（一〇時ごろ〔もとは一時ごろ〕）　これを合図に役付の人たちが本堂内陣の厨子の前へ集まる。両山寺住職、丸王子住職をはじめとする山伏姿の立螺師、それに役付の人たち、ケイゴ役の少年たちが集合。

役配朗読　鎮守総代が役配を読みあげる。

ご迎神　役付の人たちが行列を組み、護法善神社へ護法実を迎えに行く。ご迎神行列は次のとおりである。

御案内―神灯持―立螺師―大太鼓持―大太鼓打―紙手持（腰取）（腰取）―榊葉持―小太鼓持―小太鼓打―ケイゴの少年たち

この行列の前後左右に警護役のサイカ八名がつく。途中で大太鼓が二つ鳴らされると、それを合図に法螺貝が鳴り、大小の太鼓も連打される。ケイゴの少年たちは大声で「バラオン　サラオン」と呪文を唱える。

護法善神社では護法実が白衣姿で社殿にうずくまっている。行列が到着すると護法実は社殿の中から金幣を取り出す。金幣を手にした時、護法実は手を震わせてピョンピョンと垂直に飛び上がったりする。腰取の役の者たちがそれをつかむようにして行列の中へ入れ、本堂へ連れて帰る。

図24　巡拝で護法善神社へ参る護法実

図25　金幣を手に腰取に支えられて本堂へ向かう護法実

金幣奉安　護法実の手から金幣が本堂内陣の厨子横の護法善神の前にいる山主に渡され、神前に安置される。

切火水《きりびみず》　龍王池から汲んできた龍智水がそれまで神前に供えられていたが、その二個の桶が祭壇からおろされ、まず山主と護法実が、杯についだものを飲む。そして役付の人たちも飲む。

尸人《しじん》清め　護法実は白衣をぬぎ、黒のももひきをはき、胸あてをつけ、法被《はっぴ》を着て、紙手を頭にのせ半畳《はんじょう》の畳の上に坐る。山主が呪文を唱えながら切火水をうつ。半畳は護法実が本堂内陣でお祈りをする時に坐る六角形の畳で、これは毎年同じものを使用している。

外陣清め　内陣と外陣との間の仕切りが開かれて、切火水がうたれ、その境目のところに山伏姿の丸王寺住職が立ち、外陣に向かって経を唱える。

手火　外では、本堂前と下の広場のたいまつに点火される。

祈り憑《つ》け　本堂内の外陣ではすべての明りが消されお祈りが行われる。外陣内の向かって左側に太鼓二つ、右側に半畳の畳の上に坐った護法実が西向きに据えられる。護法実の周囲には卍《まんじ》字のはちまきをしたケイゴの少年たちがぐるりと輪になる。鎮守総代が護法実にむかって一礼し、榊葉を手渡す。護法実はその榊葉を垂直に立ててもち、根もとを両

図26　祈り憑けの直後、境内へ走り出た護法実（写真撮影　岡田弘）

図27　境内を走り回り「お遊び」をする護法実（写真撮影　岡田弘）

足の裏ではさむ。両脇から腰取が護法実の膝をおさえ、正面の鎮守総代は榊葉が抜けないように上から両手でおさえておく。大太鼓がドンドンと二つ鳴り、祈り憑けがはじまる。大太鼓、小太鼓がうち鳴らされ、法螺貝もボゥーッ　ボゥーッと吹き鳴らされる。ケイゴの少年たちは、護法実の周囲をまわりはじめ、榊葉もゆっくりと回転させられる。いずれも右まわりである。内陣では山主が護法善神に向かって秘法を修めている。太鼓の音がだんだんと遠くなり、護法実の振る榊葉もそれにつれて早くなる。ケイゴの少年たちは「ギャーティ　ギャーティ」と叫びながら激しく護法実の周囲を走りまわる。そしてそれがいったん高まっては再びゆっくりとなる。これを一祈りと呼び、護法善神が憑くまでこれを何回かくりかえす。お祈りがくりかえされていくうちにいよいよ太鼓が乱打され法螺貝が鳴りひびき、輪になって走りまわるケイゴの少年たちの「ギャーティ　ギャーティ」の叫び声も最高潮に達したころ、激しく振り回されていた榊葉が前後に揺れ出すと護法善神が護法実に憑いたことになる。

お遊び　そこで鎮守総代は榊葉を護法実から取る。すると護法実は、その場からパッと飛び上がり、両手を大きく広げて上下にゆさぶる。ちょうど鳥の羽ばたきのような所作である。すかさず腰取が両脇から腰紐をつかみ、護法実のひろげた両腕を下からささえあげる。護法実は羽ばたきながら本堂前に走り出る。そして本堂前から急な階段の横の斜面を本堂下の広場へとかけめぐる。参詣者たちは騒然となって逃げまわる。手火持ちは巨大なたいまつの火をかざし腰取たちは護法実を追う。ケイゴの少年たちも、「ギャーティ　ギャーティ」と叫びながら追う。参詣者たちが逃げるのは護法実につかまえられるのを恐れてのことである。護法実は不浄の者を見付けるとつかまえるという。そして、もしつかまえられるとその人は三年以内に死ぬといわれている。実名をあげることは憚られるが、実際に護法実に組み伏せられて、そののち数年の内に事故や病気で死亡した人は多い。したがって人々は今も真剣にそれを信じている。見学者の私たちも例外ではなく、現場では戦慄感が走る。護法実がこうして走りまわるのを俗にお遊びといっているが、走り疲れると休み石という石に腰かけて休む。休み石は、本堂の左右と下の広場の山門のそばと三つある。この間、護法善神が落ちないようにと護法実の耳もとでは山伏たちが法螺貝を吹き鳴らし、また錫杖《しやくじよう》を振りながら呪文を唱え、ケイゴの少年たちは「ギャーティ　ギャーティ」と大声で叫ぶ。しばらく休むと再び、護法実は飛びまわる。これをくりかえして最後に本堂内陣にかけこみ、仏前の切火水を飲んで、護法様のお遊びは終わる。護法実は山主によって加持され切火水をかけられる。そして頭から紙手をはずし、黒い衣装も脱ぐ。

御送神　休息の後、ご迎神のときと同じように行列を組んで本堂から護法善神社へ行く。護法実は金幣をもち、それを護法善神社に納める。

祭式終了（深夜〇時過ぎごろ〔もとは暁闇の頃〕）　一同は本堂に帰り、山主が祭式終了を告げて終わる。

以上が、護法祭の執行次第である。なお、言い伝えによると、ずっとむかしのことであるが、一度この護法祭を中止したことがあった。すると、その年はたくさんの烏が農作物を食い荒らすなどして大変な被害があったという。だから、「祭りを休むと烏が暴れる」などといって、この祭りはずっと欠かさずに行われてきているのだといっている。

## 護法祭の記録

両山寺の伝える護法祭の記録としては、『二上山鎮守護法祭式行事記』（両山寺所蔵）というのがあるのみである。これは、その表紙に「二上山鎮守護法祭式行事記　明治三拾六年旧七月改写　両山寺」とあり、奥に「慶応二丙寅歳七月二日於両山寺蓮華院内写　現務　桜井観雅謹写　明治九星旧七月十三日於本坊内　現住　井上篤映謹写」とあるので、慶応二年（一八六六）に書かれてそれが二度にわたって書写されてきたものであることがわかる。内容は護法祭の執行次第を記した「毎年例式旧七月十四日執行」の部分と護法実になる人物の規定「執行尸人行法規定」とからなる。現在執行されている護法祭とほぼ同じであるが、護法実のことを尸人《しじん》という表現をしている点が注意される。

なお、両山寺の護法祭がいつごろから行われてきたものであるかについては、近世の『作陽誌』（長尾勝明・江村宗晋、元禄四年〔一六九一〕）が記すのみで、それ以前の記録は確認されていない。『作陽誌』には、この両山寺と栅原町の本山寺の護法祭について次のような記事がある。

〈両山寺〉

護法祠　建治元年七月十日、僧定乗は鎮守廟に於て護法神託を言う。寺僧書して軸と為し護法託宣と号す。すべて千数百字、皆不経の言なり。相伝には昔山鬼あり名を三郎房養勢という。常に仏敵たり、護法神怒りてこれを執縛す。自後誓いて復《ま》たと山に住まず、又山下に護法松あり、往日法楽の日寺山某の来りて見会しまさにつかんとす。護法の尸《し》奮然として起ちて寺山を攫捉《かくそく》す。けだし其の不潔なるに因ってなり。寺山は勇悍に相撲《う》ち峻崖坂に接し輾転して下《お》ち二人共に死す。因って其の地に合葬し後人松を植えて標《しるし》と為し護法松と名づく。附白山、竜王、荒神、貴船、塩神等の小祠皆鎮守門面に在り。

〈本山寺〉

護法社　同所に在り。毎年七月七日護法を行い、其法を祈り、性の素樸なる者を撰び、斎戒潔浄す。諺にこれを護法実という。七日に至り東堂の庭に居らしめ満山の衆徒、盤環呪持すれば此の人忽《たちま》ち狂躍を示し、成いは砲《ほう》吼《く》忿嗔《ふんしん》し状《さま》は獣族の如く、力は大盤をあげ、もし穢濁《あいだく》せし人あれば則《すなわ》ち捉えて数十歩の方へ抛擲《ほうてき》するなり。呪既におわれば則ち護法水四桶を供し、桶毎に水一斗五升（其の日倭数に従うなり）を盛る。其の人尽《ことごと》く呑了せし後、俄然として地に仆《たお》れ則ち本に復し敢えて労困することなし。又自らはこれを知らざるのみ。これを護法を墜《おと》すと謂《い》うなり。

これにより、近世前期にはすでに行われていたことがわかる。ただし、両山寺の護法祭が建治元年（一二七五）の僧定乗の護法神託によりはじめたとする記事は当時における一つの起源伝承を記したものであり、もちろんこの記事から護法祭が鎌倉時代の十三世紀にはじめられたと考えることはできない。

# 護法祭の構成

## 神霊憑依説と託宣の有無

護法祭は、両山寺のようなまさに山岳霊場寺院において修験者を中心に行われているものであり、その祭式の次第にそってみれば、護法善神という神が御山《みせん》の山頂から護法善神社へ、そして両山寺本堂へと降りてきて、斎戒沐浴をして清浄な身体となった護法実に修験者の祈り憑《つ》けによってのりうつり人々の前にあらわれてお遊びをされるのだと解釈される。中山太郎がこの護法祭を修験道の憑祈禱《よりぎとう》の一種であるとした（「護法祭源流考」『汎岡山』六―一〇、一九三一年）のがこのような神霊憑依《しんれいひょうい》の祭りであるとする解釈の早い例で、その後、鈴木昭英は護法祭の祈り憑けは古いシャーマニズムが修験道に残存したもので、護法祭にはかつて託宣があったと推定している（「山嶽信仰・修験道とシャーマニズムとの関係」『大谷史学』八、一九六一年、「修験道と神がかり」『まつり』12号、一九六七年）。そして、五来重（『山の宗教＝修験道』一九七〇年）や豊島修（「美作の護法まつりと修験道」〔五来重編『修験道の美術・芸能・文学』II、一九八一年〕）などシャーマニズムとの関連でこれを修験者の行う憑祈禱の一種であるとみなす論者は多く、護法実はかつて託宣をしたものと推定されている。

たしかに、祈り憑けと呼ぶ儀礼が存在し、しかもその所作は子供の遊びの「かごめかごめ」や「中の中の小坊主」「地蔵遊び」など柳田国男が指摘した（「こども風土記」定本21）神霊を招き寄せ人間にのりうつらせる所作と共通するものであり、神霊憑依の祭りとみる解釈は最も自然である。

しかし、この護法祭をそのような神霊憑依の祭りであるととらえるのは表面的なとらえ方に過ぎないといわねばならない。なぜなら、まず第一に、この護法祭には実際には託宣がないからである。地元で両山寺の護法祭を熱心に調査して『両山寺の護法祭』（一九八〇年）をまとめた西沢郁哉氏も、五来重の指摘と依頼をうけてこの護法祭における託宣の伝承について追跡してみたが、まったくその痕跡すらも見出せなかったという。また、護法祭に代々奉仕してきた鎮守総代の岡重男氏や丸王寺住職の後藤秀道師の話においても託宣の伝承はまったく聞かれない。そして、この護法祭の祭式についてまとめた「二上山鎮守護法祭式行事記」（慶応二年写・明治九年写・明治三十六年写、両山寺所蔵）にも託宣の痕跡はない。五来重をはじめ鈴木昭英や豊島修らの解釈では、神霊憑依の解釈が先行してその前提となっており、それへの整合性をもとめて託宣があったはずという追跡が行なわれている感が強い。

## ケガレの吸引装置としての護法実

たしかに、伝承の現場では「祈り憑け」とか「護法様が遊ばれる」という言い方が存在する。しかし、調査の下準備の段階で訪れた、丸王寺住職の後藤秀道師の不思議な話がどうしても気にかかってしかたがなかった。そのときのノートに書き散らかしたメモには次のようにある。

後藤秀道師談「これまでの、いろいろな大学の教授とか、博士の先生方は、この護法祭について、神様が人間へのりうつるんじゃと学生に教えとんなさるんでしょ。神が人間につくもんじゃとね。それじゃが、ぼくはまた反対なんじゃ。人間が、精進潔斎をして、七日間の斎戒沐浴をして、神様に近づきたい、神様に触れたい、という気持ちのものであって……。（護法実になる人はあのような祈り憑けの状態の中では誰でも）頭がちょっとノーテンファイラーになるけえの。だから、これから先は、人間が神に到達するということであって……。神様が人間にうつるなど、じょうだんじゃない……。まあ臆面もなく申し上げましたがの……。」

神仏の絶対性を確信するのが宗教者である。後藤秀道師が、神様は絶対的に崇高な存在である、とする見解にたっていることはこの語りからわかる。しかし、ここで重要なことは、後藤秀道師がその宗教者的な独特な感覚で、これは神霊憑依ではない、と理解していることである。護法様のお遊びとは「頭がちょっとノーテンファイラーになる」ことであり、忘我陶酔の状態をいうことにほかならない。後藤秀道師はその感覚を、「この護法祭は自分にはどうにも合点のいかぬところのある祭り」だと語っているのである。

そして、第二の疑問は、この護法祭が憑祈禱の一種だとしたら、神霊を憑依させる者と憑依させられる者とが儀礼的に対峙しているのが自然であるのに、それがまったく不明瞭であるということである。両山寺住職の山主が内陣で唱える秘法というのも実は先代住職からとくに伝えられたものはないというのが実情であり、最も肝心の院代後藤秀道師も神霊憑依のための秘儀を執行しているわけではない。二人とも護法実と対峙し向かい合うのではなくまったく離れたところに位置しているのである（岩田勝「〃攘却〃の祭儀」『民俗と歴史』20号、一九八八年）。

さらに疑問は他にも次の三点があげられる。
①護法実は祭りの前の七日間、精進潔斎の忌み籠りの生活をしてせっかく一般の人々と区別して清浄な状態にしたのに、祈り憑けを前にして山主をはじめ役付きの人たち一同と切火水を飲むということ。共食や共飲は一味連帯を象徴するものである。これではむしろ清浄な状態にした護法実に他の一般の人たちの世俗生活の穢れが感染してしまうことになるのではないか。
②護法実の行動表現の主要な部分は遊ぶというものであるが、その忘我陶酔の中でとくにその役割とされているのはほかならぬ、それにつかまえられると三年以内に死ぬという点だけであるということ。なぜ、護法実につかまえられるとその人は死ぬとされているのか。
③「二上山鎮守護法祭式行事記」は護法実のことを「尸人《しじん》」と記しているが、なぜ精進潔斎をして清浄な状態になっているはずの護法実を、屍を意味する尸人と表現しているのか。
ここで、先の後藤秀道師の言葉をヒントに神霊憑依の考え方をいったん放棄してみる。そうしてみることによって、第一、第二の疑問もこの①、②、③の疑問も解釈が可能にな

る。

護法実とは、一般の人々の身代わりとして、七日間もの精進潔斎の忌み籠りの生活を強いられ、人々の災厄や罪穢れを一身に吸引できる清浄な状態となったもの、とみるのである。すると、

①の疑問について、切火水を一味連帯の状態で飲むのも、祈り憑けに際して鎮守総代から榊葉を手渡され、鎮守総代が護法実に向かいあってともに祈り忘我の状態に達するのも、人々の災厄や罪穢れをまさに護法実へと託しているものとみることができる。榊葉は神霊降臨の依代《よりしろ》として機能すると同時に穢れを祓う祓具でもあるという両義的な祭具であり、この場合は人々の穢れの付着した祓具としての機能があるものとみることができる。

②の疑問について、人々の災厄や罪穢れを一身に背負って暗闇の山上へ、そして天空へと飛び立とうとしている護法実は死の穢れを満身に依り着けた存在であり、それにつかまえられれば、死ぬ、とされているのである。それは不謹慎な参詣者への神罰としての死ではなく、護法実に凝集された死の穢れの感染による死を意味するものである。

③の疑問について、護法実のことを屍を意味する尸人と表現しているのは、まさに死の穢れを満身に依り着けた存在であることを意味している。

この護法実に託される人々の災厄や罪穢れに対して、民俗学ではケガレという分析概念を設定しているが、ここでもケガレとは人々が祓え清めたいと考えるもので、災厄、疫病、犯罪などの生命活動を脅かすものを一括した概念、生命力に対置される死および死をもたらす力を意味する概念とする。すると、護法実とは、人々が日常生活の中で生み出しているケガレの吸引装置であることがわかる。たいまつの明かりが照らし出す満月の夜、死者の世界から大勢の死霊たちがやって来ると考えられた八月（旧暦七月）の盆の深夜の闇の中を、白い紙手をかぶり、黒い衣装に身をつつみ、両手を羽ばたかせながら飛びまわる忘我、陶酔の護法実は、人々のケガレを背負って飛び立つ死の鳥、鳥の象徴表現であるとみることができる。そしてそうした死とケガレの象徴である黒い鳥、鳥も、こうした修験者などの宗教者の介在によって、護法善神というような神もしくはその使いへと転換されるという仕組みをここにあらためて発見することができる。

護法実という選ばれた聖なる存在は第一義的にはケガレの吸引装置であり、それが第二義的に神聖なる霊威あふれる存在と読み替えられているのであり、そこに関与するのが修験者などの宗教者であると位置づけることができるのである。そして、最も重要な点は「遊ぶ」という忘我陶酔の状態とされる人物つまり憑霊的存在とは、表面的には神霊をも含めて広く霊的存在と交流する聖なる存在とみなされるが、より基本的な仕組みとしては人々のケガレの吸引装置としての役目を担う存在である、ということであり、その逆ではないということである。

# 護法祭の歴史と意味

ここで論じたことをまとめておくと、およそ次のとおりである。
まず、護法祭の歴史について、

## 護法祭の歴史

(1)　美作地方の護法祭は記録による限り、『作陽誌』の記す近世前期の元禄年間までしか遡ることはできずその起源は不詳である。

(2)　美作地方の護法祭には、『作陽誌』に記された両山寺・本山寺・豊楽寺・仏教寺のもの以外のものも伝えられているが、現在行われている清水寺・両仙寺・恩性験寺のものはいずれも明治になってから両山寺の護法祭を勧請もしくは模倣したものである。

## 護法祭の意味

護法祭の構成について、

(1) 護法祭を、護法実への護法善神の神霊憑依と解釈するのが通説で、その通説によればかつては護法実による託宣があったはずだとされているが、護法実による託宣はその痕跡すら存在しない。

(2) 祈り憑けという儀礼は表面的にはたしかに神霊憑依の所作と考えられるが、より基本的には護法実に対する人々のケガレを託す意味の所作と解釈される。

(3) 護法実は第一義的にはケガレの吸引装置であり、それが第二義的に神聖なる霊威あふれる存在と読み替えられているのである。

(4) 「遊ぶ」という忘我陶酔の状態とされる人物つまり憑霊的存在とは、表面的には神霊をも含めて広く霊的存在と交流する聖なる存在とみなされるが、より基本的な仕組みとしては人々のケガレの吸引装置としての役目を担う存在であり、その逆ではない。

# あとがき

本書は、日本の神々とは何か、という素朴な疑問に対して、民俗学の立場から考えてみたものである。

日本神話からのメッセージによれば、アマテラス（天照大御神）とスサノオ（建速須佐之男命）という日本の中心的な神は、黄泉国《よみのくに》という死の国から逃げ帰ったイザナギ（伊邪那岐命）がその身に付いてしまった死穢を、竺紫《つくし》の日向の橘の小門《おど》の阿波岐原《あはきはら》で禊《みそ》ぎ祓《はら》え清めた時に生まれたという。腐乱したイザナミ（伊邪那美命）の死体を見てしまったイザナギの左目を洗った時に生まれたのがアマテラス（天照大御神）であり、死臭を嗅いでしまった鼻を洗った時に生まれたのがスサノオ（建速須佐之男命）であるという。ここに象徴的に提示されているのは、カミ（神）はケガレ（穢れ）から生まれるという基本的なメカニズムである。キリスト教世界でも、アダムとイヴの子孫として原罪を背負う人間が、過去現在未来、犯したあるいは犯すであろうすべての罪を一身に背負って十字架に架けられたのがキリストであるという。そこには、カミとはケガレの吸引浄化装置である、というメッセージが含まれている。

このようなケガレ・ハラへ・カミという神々の誕生についての方程式を見通した上で、本書では具体的な神社と祭礼に注目して、神々の原像とその機能について考えてみた。日本の神々はそれこそ八百万《やおよろず》の神々であるが、私が比較的古くから観察してきた安芸厳島神社、出雲佐太神社、遠州見付天神社、美作両山寺という四社寺の神事祭礼に注目してみた。そして、安芸厳島神社と美作両山寺の祭礼分析から帰納されたのは、神聖視される存在とはケガレの吸引浄化の装置であるという基本的な仕組みであった。それに対し、出雲佐太神社の神在祭の分析からは漂着物・呪物（フェティーソ）の信仰、遠州見付天神社の裸祭の分析からは神事と性儀礼の問題、などが浮かび上がってきた。これらは、前著『ケガレからカミへ』（前掲）、『日本人の葬儀』（一九九二年）でかつて論じたものと重複している部分もあるが、新しい情報を加えてあらためて分析しなおした部分も少なくない。今後は神々の原像論から態様論、機能論、総合論へと展開していく必要があろう。

民俗学というのは民俗調査を基礎とする学問であり、多くの関係者の理解と協力があってこそ成り立つ学問である。本書をまとめるにあたっても、実に多くの方々のご協力があった。お一人ずつ思い起こしながら厚くお礼申し上げる次第である。

民俗学はまだ若く、老練ではない。試練の時である。悼ましいことに柳田民俗学の継承と新天地開拓へむけて走り続けた宮田登さんが先日急逝された。しかし、その教えをうけた若い世代の活躍への胎動がいま民俗学の未来へ希望を与えている。民俗学の可能性に希望をもつ老若男女、こぞって研鑽を積むべきときであろう。

最後に、本書の執筆の機会を与えていただいた吉川弘文館と編集第一部の大岩由明氏、それに、原稿整理から校正など多くのご配慮とご協力をいただいた柴田善也氏にあつくお礼を申し上げたい。

二〇〇〇年二月

新谷尚紀

著者紹介
一九四八年、広島県に生まれる
一九七七年、早稲田大学大学院文学研究科博士課程修了
現在、国立歴史民俗博物館教授・総合研究大学院大学教授・社会学博士（慶応義塾大学）
主要著書
両墓制と他界観　ケガレからカミへ　日本人の葬儀　生と死の民俗史　寅さんの民俗学　民俗学がわかる事典（編著）

歴史文化ライブラリー
92

---

# 神々の原像
## 祭祀の小宇宙

二〇〇〇年（平成十二）五月一日　第一刷発行

著　者　新《しん》谷《たに》尚《たか》紀《のり》

発行者　林　英男

発行所　株式会社 吉川弘文館
東京都文京区本郷七丁目二番八号
郵便番号一一三―〇〇三三
電話〇三―三八一三―九一五一〈代表〉
振替口座〇〇一〇〇―五―二四四
印刷＝平文社　製本＝ナショナル製本
装幀＝山崎　登

歴史文化ライブラリー

1996.10

# 刊行のことば

現今の日本および国際社会は、さまざまな面で大変動の時代を迎えておりますが、近づきつつある二十一世紀は人類史の到達点として、物質的な繁栄のみならず文化や自然・社会環境を謳歌できる平和な社会でなければなりません。しかしながら高度成長・技術革新にともなう急激な変貌は「自己本位な刹那主義」の風潮を生みだし、先人が築いてきた歴史や文化に学ぶ余裕もなく、いまだ明るい人類の将来が展望できていないようにも見えます。このような状況を踏まえ、よりよい二十一世紀社会を築くために、人類誕生から現在に至る「人類の遺産・教訓」としてのあらゆる分野の歴史と文化を「歴史文化ライブラリー」として刊行することといたしました。

小社は、安政四年(一八五七)の創業以来、一貫して歴史学を中心とした専門出版社として書籍を刊行しつづけてまいりました。その経験を生かし、学問成果にもとづいた本叢書を刊行し社会的要請に応えて行きたいと考えております。

現代は、マスメディアが発達した高度情報化社会といわれますが、私どもはあくまでも活字を主体とした出版こそ、ものの本質を考える基礎と信じ、本叢書をとおして社会に訴えてまいりたいと思います。これから生まれでる一冊一冊が、それぞれの読者を知的冒険の旅へと誘い、希望に満ちた人類の未来を構築する糧となれば幸いです。

吉川弘文館

〈オンデマンド版〉
# 神々の原像
## 祭祀の小宇宙

歴史文化ライブラリー
92

2017年（平成29）10月1日　発行

著　者　新《しん》谷《たに》尚《たか》紀《のり》

発行者　吉　川　道　郎

発行所　株式会社　吉川弘文館
〒113-0033　東京都文京区本郷7丁目2番8号
TEL　03-3813-9151〈代表〉
URL　http://www.yoshikawa-k.co.jp/

印刷・製本　大日本印刷株式会社

装　幀　清水良洋・宮崎萌美

新谷尚紀（1948～）

ISBN978-4-642-75492-7